SHANG
GONGSI

GAOGUAN XINCHOU JILI YANJIU

本书由国家自然科学基金项目"国有企业高管激励不足型薪酬契约研究——基于'限薪令'背景下的考察"（项目批准号：72362027）资助

上市公司
高管薪酬激励研究

张孝蔚　著

电子科技大学出版社
University of Electronic Science and Technology of China Press

·成都·

图书在版编目（CIP）数据

上市公司高管薪酬激励研究 / 张孝蔚著. -- 成都：
成都电子科大出版社，2024. 8. -- ISBN 978-7-5770
-1116-5

Ⅰ. F279.246

中国国家版本馆 CIP 数据核字第 2024UT5036 号

上市公司高管薪酬激励研究

SHANGSHI GONGSI GAOGUAN XINCHOU JILI YANJIU

张孝蔚　著

策划编辑　陈松明
责任编辑　谢忠明
责任校对　韩　昊
责任印制　梁　硕

出版发行　电子科技大学出版社
　　　　　成都市一环路东一段159号电子信息产业大厦九楼　邮编　610051
主　　页　www.uestcp.com.cn
服务电话　028-83203399
邮购电话　028-83201495

印　　刷　成都市火炬印务有限公司
成品尺寸　170 mm×240 mm
印　　张　10.5
字　　数　200千字
版　　次　2024年8月第1版
印　　次　2024年8月第1次印刷
书　　号　ISBN 978-7-5770-1116-5
定　　价　48.00元

高管薪酬激励机制是现代企业公司治理的核心内容之一。高管是企业至关重要的人才资源，对其的激励严重影响着企业的经营管理活动和资源配置等。长期以来，有效的薪酬契约是能够同时实现股东价值最大化目标和经理人报酬最大化目标的基础。高管薪酬与业绩相挂钩的薪酬方式将促使经理人在追求个人报酬最大化的同时实现公司业绩、股东财富的最大化，被认为是有效的薪酬契约。近年来，众多学者对我国上市公司的薪酬契约进行了研究，总体发现薪酬契约的有效性逐步提高，表现为高管薪酬与企业业绩的相关性逐步上升。一方面，部分企业仍存在薪酬契约不合理现象，如天价薪酬、运气薪酬、超额薪酬和薪酬辩护、薪酬黏性、薪酬业绩不敏感等，出现了激励过度的现象。但另一方面，薪酬激励不足也是高管薪酬契约无效的表现。激励不足可能导致高管出于私利做出损害公司价值的行为，造成更为严重的委托代理问题。从长远来看，高管激励不足是企业公司治理机制的缺失，但现有对激励不足的探讨较少。

本书系统梳理了上市公司高管薪酬激励的现状，在现有过度激励问题基础上，以国有企业"限薪令"背景下部分企业出现的业绩上升时高管薪酬不增反降现象为基础（本书称之为"反薪酬黏性"现象），提出上市公司高管薪酬激励不足现象，并对此现象进行了深入探究，主要从此现象的来源、所导致的后果，以及对此现象的治理作用、在民营企业中的溢出效应四方面进行层层递进的研究。本书为读者全面了解上市公司薪酬激励现状提供了参考，从激励不足的视角拓展和丰富了高管薪酬激励的相关研究，也为国企分类改革和混合所有制改革（简称"混改"）下的薪酬激励改革提供了有益参考。本书所说的国有企业和民营企业均指已上市的公司。

本书共分为七章，第一章为导论，主要介绍本书的研究背景和研究的问题、意义，核心概念，主要思路，创新之处等。第二章为文献综述与理论基础，对上市公司高管激励、高管薪酬激励、混合所有制改革、上市公司违规等文献进行系统梳理，做出总结，并对文章分析中主要涉及的理论进行简要的阐述和说明。第三章分析"限薪令"下的国企高管反薪酬黏性现象，构建了反薪酬黏性指标，对指标可行性进行了证明。另外，本章还探讨了反薪酬黏性现象对商业竞争类国有企业和特殊功能类国有企业未来绩效的差别影响，进一步从政府控制强度和管理层权力强弱对其异质性进行讨论。第四章为高管反薪酬黏性现象与替代性激励。从企业违规的角度，探讨国有企业"限薪令"下高管反薪酬黏性现象对商业竞争类国企和特殊功能类国企的不同作用，考察了内外部监督治理机制调节作用。第五章讨论了非国有股东治理与国企高管反薪酬黏性，从治理机制的角度，探讨混合所有制改革中非国有股东参与公司治理是否能抑制反薪酬黏性现象。第六章探讨了基于国有企业的"限薪令"在民营企业的溢出效应。本章首先对比了国有企业和民营企业的薪酬激励差异；其次，探讨国有企业"限薪令"下的反薪酬黏性现象在民营企业是否有溢出效应；最后，探讨了民营企业中的反薪酬黏性现象的经济后果，从公司绩效和公司违规两个角度进行探究。第七章为本书的结论，分别介绍本书的主要研究结论、政策建议、研究的不足，并对后续的研究方向进行展望。

感谢曾为本书编写提供过帮助的同行、朋友和家人。本书适宜广大从事企业管理、公司治理和公司财务相关研究人员阅读。鉴于薪酬激励制度的不断改革与实践，加之笔者水平有限，书中如有不妥之处，还望专家和读者批评指正。

作　者

2024 年 7 月

Contents
目 录

第 *1* 章

导　论

1.1　选题背景与问题提出

高管薪酬激励机制是现代企业公司治理的核心内容（詹森和墨菲，1990；李维安等，2010）。长期以来，有效的薪酬契约是能够同时实现股东价值最大化目标和经理人报酬最大化目标的基础。高管薪酬与业绩相挂钩的薪酬方式将在促使经理人追求个人报酬最大化的同时实现公司业绩、股东财富的最大化，被认为是有效的薪酬契约。

近年来，众多学者对我国上市公司的薪酬契约进行了研究，总体发现薪酬契约的有效性逐步提高，表现为高管薪酬与企业业绩的相关性逐步上升。一方面，部分企业仍存在薪酬契约不合理现象，学者们主要关注了过度激励的不合理现象，如天价薪酬、运气薪酬、超额薪酬和薪酬辩护、薪酬黏性、薪酬业绩不敏感等。另一方面，薪酬激励不足也是高管薪酬契约无效的表现，契约理论认为，在没有风险分担和共同投入的情况下，代理人从合同中获得的激励越低，工作努力和激励就越不足（霍姆斯特姆，1979，1982；德沃特里庞，2005）。激励不足可能导致高管出于私利做出损害公司价值的行为，造成更为严重的委托代理问题。从长远来看，高管激励不足是企业公司治理机制的缺失，但目前对其研究较少。

由于国有企业中高管承担着"党政官员"和"企业家"双重角色（陈冬华等，2005），长期以来，其高管薪酬受到严格控制。早在20多年前政府就明确规定国企高管的最高工资不能超过员工年平均工资的5倍，但部分高管人员巧立名目给自己提高薪酬（王东京，2019）。薪酬管制的作用有限。2008年，某公司高管爆出天价薪酬，引起了社会各界不满。在此背景下，2009年，国资委等六部委联合印发了《关于进一步规范中央企业负责人薪酬管理的指导意见》，学者们称之为"第一次限薪令"；2014年，政府进一步出台了《中央管理企业负责人薪酬制度改革方案》，学者们称之为"第二次限薪令"。两次"限薪令"，对央企中行政任命的高管薪酬做出了明确规定，将高管的基本工资、绩效工资与中长期激励均限制在员工平均工资的若干倍以内。其他国有企业参照中央企业的办法执行，对国企高管薪酬进行了限制。学者们普遍发现，两次"限薪令"发挥了重要作用，能够约束高管的货币薪酬，并且缩小了企业内部的薪酬差距，维护了收入公平。

但在"限薪令"下，部分企业过度执行政策，高管的薪酬呈现出了另一种不合理的变化，部分企业高管出现业绩与薪酬不挂钩的现象，甚至出现企业业绩上升时高管薪酬不升反降的现象，导致国企高管出现薪酬激励不足的问题。与薪酬黏性（企业业绩上升时高管薪酬的增长幅度大于企业绩效下降时高管薪酬的减少幅度）相反，此时高管薪酬对企业业绩上升不敏感，本书称其为"反薪酬黏性"现象。

高管薪酬契约最有效的方式是将经理人的薪酬与公司业绩挂钩（詹森和迈克林，1976；詹森和墨菲，1990；杰克森·洛佩兹和雷腾加，2008）。高管薪酬随业绩增长不增反降的反薪酬黏性现象扭曲了薪酬契约的有效性，导致其对高管的激励不足。混合所有制改革希望通过引进非国有资本参与公司治理，以提高国有企业的治理水平，完善治理机制。在引进非国有股东后，外资或民营经济主体获得了国有企业一定的股权，为保障自身利益不受损，将会完善经理人的激励和约束机制，以减少经理人私利行为的同时保障其工作的努力程度（麦金森和奈特，2001；古普塔，2005；蔡贵龙等，2018b）。混合所有制改革对实现国家经济的高质量发展、全面建设社会主义现代化国家有重要的战略意义。当前，混合所有制改革已从"混"资本阶段、"混"产权阶段进入"改"机制阶段，意图通过引进产权混合，推动国有企业中各项机制的建设和完善，包括治理机制、运营机制、投资机制与管理机制等多维机制，真正激发国有企业的活力，以带动经济发展（何瑛和杨琳，2021）。那么，混合所有制改革中引入非国有资本参与治理能否改善国有企业高管薪酬契约的有效性？

基于以上背景，本书系统梳理了上市公司高管薪酬激励的研究，在现有众多探讨过度激励研究基础上，提出了"限薪令"下高管激励不足的反薪酬黏性现象，并对此进行了全面、深入的讨论。本书主要从此现象的来源（"限薪令"执行）、所导致的后果（绩效影响与企业违规）以及对此现象的治理作用（非国有股东治理）、此现象在民营企业中的溢出效应四方面进行层层递进的研究。本书主要回答了以下问题："限薪令"是否引起了高管反薪酬黏性现象的增加？反薪酬黏性现象是否造成公司绩效的损害和企业违规增多等不良后果？混合所有制改革中引入非国有资本参与治理能否改善反薪酬黏性现象？在特殊功能类国企和商业竞争类国企中有何差别？在民营企业中是否有溢出效应？

1.2　研究意义

本书系统梳理了上市公司高管薪酬激励现状，在现有众多探讨过度激励研究的基础上，提出了激励不足的反薪酬黏性现象，并对此现象进行了全面系统的探讨。本书主要从此现象的来源、所导致的后果以及对此现象的治理作用、在民营企业中的溢出效应等几方面进行层层递进的研究。以期能拓展高管薪酬的研究视角，为薪酬体制改革提供相关参考。

1.2.1　理论意义

首先，本书拓展和丰富了高管薪酬契约有效性的相关研究。现有研究主要从高管的超额薪酬（科尔等，1999；科克利等，2006；吴育辉和吴世农，2010；方军雄，2012；罗宏等，2014；程新生等，2015）、运气薪酬（贝特朗和穆莱，2001；沈艺峰和李培功，2010；鄢伟波和邓晓兰，2018）、薪酬业绩敏感性较低（福斯等，2006；杜兴强和王丽华，2007；辛清泉和谭伟强，2009）和存在薪酬黏性（加维和米尔本，2006；杰克逊等，2008；方军雄，2009，2011；步丹璐和文彩虹，2013；雷宇和郭剑花，2017）等方面度量高管薪酬不合理现象，均从过度激励角度探讨高管薪酬契约的无效性。本书提出"限薪令"背景下的反薪酬黏性现象，并构建相应指标进行实证检验，从激励不足的视角拓展了薪酬契约有效性的相关研究。

其次，本书丰富和拓展了混合所有制改革经济后果的相关文献。现有研究普遍证明了混合所有制改革中引进非国有股东参与公司治理有积极的作用，如提高国企内部控制质量、提高会计信息质量、提高创新效率等（刘运国等，

2016；李文贵和余明桂，2015；曾诗韵等，2017），最终在整体上提升国有企业绩效（麦金森等，1994；刘小玄，2004；李广子和刘力，2010；马连福等，2015；郝阳和龚六堂，2017）。现有关于混合所有制改革的文献虽然十分丰富，但非国有股东治理影响高管薪酬契约的文献还在少数，仅有文献从高管的薪酬业绩敏感性的角度进行讨论（蔡贵龙等，2018b）。本书基于国有企业反薪酬黏性现象，探究非国有股东治理对于激励不足型薪酬契约的改善作用，丰富和拓展了非国有股东治理对高管薪酬激励影响的相关研究，也丰富了混合所有制改革经济后果的相关研究。

再次，本书拓展和丰富了国有企业薪酬管制的相关研究。关于薪酬管制的度量上，现有文献多用高管内部薪酬差距来衡量薪酬管制，指标单一。而关于"限薪令"的文献主要探讨"限薪令"是否达到限薪效果（沈艺峰和李培功，2010；田妮和张宗益，2015；杨青等，2018）。本书提出基于"限薪令"出现的国有企业反薪酬黏性现象，并设计指标直观度量薪酬限制的程度，从而丰富了薪酬管制相关研究。

最后，本书拓展和丰富了国有企业分类治理的相关研究。国企分类改革是国有企业改革的重点。但国企分类改革的研究主要以理论研究和现状描述为主（黄群慧和余菁，2013；杨瑞龙，2013；高明华等，2014；魏明海等，2017），少数实证研究，如徐伟等（2018）从分类治理视角出发，考察了控股方治理机制与企业创新红利之间的关系。杨青等（2018）发现"限薪令"对竞争和特殊功能类央企有不同的冲击效果。本书发现高管反薪酬黏性现象会导致商业竞争类国企的未来绩效降低和违规概率的增加，但对特殊功能类国企的影响则不显著等现象，为国企分类治理提供实证依据，以此拓展和丰富了国企分类治理的研究。

1.2.2 现实意义

本书的研究具有如下现实意义。

其一，高管薪酬激励机制是现代企业公司治理的核心内容。高管是企业至关重要的人才资源，对其的激励严重影响着企业的经营管理活动和资源配置等。在我国，国有企业和民营企业的高管激励都非常重要。国有企业是中国特色社会主义的支柱，国企改革一直是我国经济体制改革的重要环节。目前，国企改革进入攻坚期，而高管薪酬激励机制是国有企业改革攻坚的重点和难点

（王东京，2019）。重点在于，高管是国有企业至关重要的人才资本，对其的激励效果严重影响着企业的经营管理活动和未来发展的方向；难点在于，国有企业高管拥有公务员和企业家双重身份，并且存在多种受聘方式，在这种情境下，国有企业高管薪酬的激励机制如何设计，才能保证高管在努力工作的同时维护社会公平？从国企薪酬制度的改革来看，尚没有达成统一的思路，国有企业仍然存在薪酬激励有效性不高的现象，在全面深化改革的背景下，对国有企业薪酬制度的探讨具有重要意义。

其二，混合所有制改革对实现国家经济高质量和全面建设社会主义现代化强国有重要战略意义（何瑛和杨琳，2021）。当前，混合所有制改革已从"混"资本、"混"产权进入"改"机制阶段，旨在与民营企业机制融合的基础上"引资""引智"，更"引制"，最终在治理机制、运营机制、投资机制与管理机制建设中取得实质性进展，真正激发国有企业带动经济发展的活力。在此背景下，本书研究混合所有制改革中非国有资本对薪酬激励机制和公司治理机制的作用有重要的意义。

其三，国企分类改革也是近年国企改革的重要内容，对国有企业进行分类研究具有重要现实意义。但现有对国企分类改革的研究在很大程度上仍然停留在理论探讨阶段，国企分类改革的顶层设计方案至今也仍未出台。本书从反薪酬黏性现象所导致的特殊功能类国企和商业竞争类国企不同的经济后果，为国有企业分类改革提供实证证据，对于推进国企分类治理具有实践意义。

1.3　核心概念

1.3.1　"限薪令"

本书的"限薪令"是指国家出台的对中央企业负责人薪酬进行限制的方案，包括"第一次限薪令"和"第二次限薪令"。

"第一次限薪令"是指2009年出台的《关于进一步规范中央企业负责人薪酬管理的指导意见》。"第二次限薪令"是指2014年出台的《中央管理企业负责人薪酬制度改革方案》。两次"限薪令"以调节内部薪酬差距、促进收入公平分配、完善薪酬激励与约束机制为目标，对中央企业中行政任命的高管薪酬做出了明确规定，将高管的基本工资、绩效工资与中长期激励均限制在员工平均工资的若干倍以内。其他国有企业参照中央企业的办法执行。

1.3.2 反薪酬黏性现象

1. 反薪酬黏性现象定义

反薪酬黏性现象，是指企业业绩上升时高管薪酬不增反降的现象。与薪酬黏性（企业绩效上升时高管薪酬增加幅度大于企业绩效下降时高管薪酬减少幅度）相反，出现反薪酬黏性现象时高管薪酬对企业业绩上升不敏感。具体地，当薪酬增加幅度除以业绩增加幅度为负值时（业绩增长率为正），我们定义为出现反薪酬黏性现象，其含义是业绩增加的情况下高管的薪酬不升反降。

2. 反薪酬黏性指标的测算和描述

本书从步丹璐和文彩虹（2013）、雷宇和郭剑花（2017）计算薪酬黏性的办法中得到启发，用业绩的增长率除以薪酬增长率作为薪酬-业绩敏感性值，并将计算值小于0视作出现反薪酬黏性现象，取值为1；其余视作未出现反薪酬黏性现象，取值为0。具体计算步骤如下：

第一，我们计算高管薪酬相比上年的增长率，即 $Pay\_ratio = \dfrac{Pay_t - Pay_{t-1}}{Pay_{t-1}}$；

第二，我们计算公司净利润相对上年的增长率，$NI\_ratio = \dfrac{NI_t - NI_{t-1}}{NI_{t-1}}$，剔除本年或上年净利润为负的情况；

第三，用薪酬增长率/净利润增长率，即前面两步计算结果相除，$Pay\_ratio/NI\_ratio = \left(\dfrac{Pay_t - Pay_{t-1}}{Pay_{t-1}}\right) \Big/ \left(\dfrac{NI_t - NI_{t-1}}{NI_{t-1}}\right)$，我们相应剔除分母为负可能导致的负负得正现象，即剔除净利润增长率为负的情况。

以上得出的计算值为高管薪酬与公司业绩的敏感性值。当此值等于1时，表示高管薪酬的增长幅度与净利润增长幅度同比值变动；当此值小于1时，表示薪酬的增加幅度小于企业净利润的增加幅度；当此值大于1时，薪酬的增加幅度大于公司业绩的增加幅度。而当此值小于0时，表示公司净利润的增长率大于0时公司高管薪酬的增长率却小于0，这是一种薪酬与业绩背离的薪酬契约无效现象。高管薪酬增加的幅度与业绩增加的幅度同向变动为正常现象，但具体最佳的变动比例尚且没有定论，所以我们将薪酬-业绩敏感性值小于0定义为薪酬契约无效的反薪酬黏性现象。

1.3.3 非国有股东治理

非国有股东治理是指国有企业混合所有制改革中引进民营、外资等非国有资本参与公司治理。现有文献认为，国有企业中非国有股东能够提高公司治理的质量。

一些研究发现，国有企业民营化只要进行所有权转移就可能提高企业绩效（武常歧和张林，2014；王甄和胡军，2016）。但多数学者认为只转让股权，而不转让控制权，混改可能成了只"混"不"改"。非国有股东在企业决策中如果缺乏话语权，可能难以达到治理效果。因为持有股份只是非国有股东的初级治理参与形式，并不一定保证非国有股东的治理参与能产生实质性影响力。多数研究认为，拥有董事会权力能够为非国有股东"发声"提供条件，原因在于：其一，进入董事会可以获得公司内部信息，提高决策的有效性；其二，拥有董事会席位可以直接参与公司重要生产经营活动，并有一定的投票权力（赫尔曼林和韦尔斯巴赫，2001；蔡贵龙等，2018b；逯东等，2019）。

基于此，本书中非国有股东治理主要包括非国有股东的董事会权力，用前十大股东中全部非国有股东是否委派董事（Director_nsoedum）和非国有股东委派董事的比例（Director_nsoe）衡量，稳健性中还用非国有股东是否委派了董监高（Djg_nsoedum）和委派董监高的比例（Djg_nsoe）进行替代度量。另外，我们也对比了非国有股东持股的情况，用第一大非国有股东持股比例（Shr_nsoe1th）和前十大股东中全部非国有股东持股比例之和（Shr_nsoe）衡量。

1.3.4　特殊功能类和商业竞争类国企

由于国企发展过程中经常面临"公益性使命"和"盈利性使命"的冲突，导致市场化的人才选聘制度、高管激励约束制度和董事会建设等企业治理结构尚需加强。2011 年，"十二五"规划纲要提出要探索实行公益性和竞争性国有企业的分类管理目标。2013 年，党的十八届三中全会通过的《中共中央关于全面深化改革若干重大问题的决定》，首次提出应当"准确界定不同国有企业功能"，分类推进国企改革。2015 年 12 月，国资委、财政部、发改委联合发布《关于国有企业功能界定与分类的指导意见》（简称《指导意见》），《指导意见》提出将国有企业分为公益类国企和商业类国企，商业类国企又可细分为特殊功能类和完全竞争类。公益类国有企业以保障民生、服务社会、提供公共产品和服务为主要目标，必要的产品或服务价格可以由政府调控；要积极引入市场机制，不断提高公共服务效率和能力。商业类国企以增强国有经济活力，放大国有资本功能，实现国有资产保值增值为主要目标，按照市场化要求实行商业化运作，依法独立自主开展生产经营活动，实现优胜劣汰，有序进退。

根据上述文件精神，按企业所处行业、主营业务和核心业务范围，并结合证监会 2012 年修订的《上市公司行业分类指引》，我们将国企分为特殊功能类和商业竞争类国企。具体而言，参照岳希明等（2010）和蔡贵龙等（2018b）的研究分类，本书将行业分类中烟草制品业、石油和天然气开采业、石油加工炼焦及核燃料加工业、电力、燃气及水的生产和供应业、铁路、水上及航空运输业、邮政和电信及其他信息传输服务业视为特殊功能行业。其余为商业竞争类行业。特殊功能类企业功能定位是弥补市场缺陷，保障民生和社会效益、提供公共产品和服务，或属于基础性产业和支柱性产业中，这些行业在在国民经济中发挥主导作用。商业竞争类国企功能定位是自主经营、自负盈亏，追求盈利实现国有资产保值增值。

1.4 研究内容和思路

1.4.1 研究内容

本书一共分为七章，其中，第一章为导论，主要介绍本书的研究背景和研究的问题、意义，并对本书涉及的核心概念（"限薪令"、反薪酬黏性、非国有股东治理）进行说明；另外，还总结了本书的主要内容和思路，并提出本书的创新之处。

第二章为文献综述和理论基础介绍。对上市公司高管激励、高管薪酬激励、混合所有制改革、公司违规等文献进行系统梳理，做出总结。并对文章分析中主要涉及的理论进行简要的阐述和说明，主要包括代理理论、最优契约理论、激励理论和舞弊三角理论。

第三章检验"限薪令"下的国企高管反薪酬黏性现象。本章构建了反薪酬黏性指标，进行指标的测算和描述后发现该指标与现实基本相符，具有一定的可靠性；并通过 DID 模型实证检验"限薪令"是否导致了反薪酬黏性现象的增加。另外，还探讨了反薪酬黏性现象对商业竞争类国有企业和特殊功能类国有企业未来绩效的差别影响。并且引入政府控制强度和管理层权力强弱对其异质性进行讨论。第三章实证研究发现：（1）"限薪令"会导致国有企业高管反薪酬黏性现象的增加，在经过内生性和多种稳健性测试后结论依然成立。（2）这种反薪酬黏性现象会致使商业竞争类国企未来绩效降低，但对特殊功能类国企的影响不显著。（3）在"限薪令"的执行上，这种反薪酬黏性现象更多体现在政府控制力强（金字塔层级短、高管有政治联系）和管理层权力弱的国有企业中。

第四章为高管反薪酬黏性现象与替代性激励。具体从企业违规的角度，探讨国有企业"限薪令"下高管反薪酬黏性现象的后果。首先，第四章探讨反薪酬黏性现象是否会导致公司违规概率的增加；其次，讨论了在商业竞争类国企和特殊功能类国企中的不同效果；最后，基于现有文献中对公司违规现象的监督治理机制，从内外部监督治理的环境探讨了治理机制是否能对反薪酬黏性引起的公司违规行为进行抑制。实证检验发现：（1）国有企业高管的反薪酬黏性现象会导致违规概率的增加。（2）这种违规概率的增加主要体现在商业竞争类国企中，对特殊功能类国企的影响则不显著；（3）在公司内部监督治理环境较弱（内部控制弱、管理层权力大）和外部监督治理较弱（非四大审计、非交叉上市、分析师关注少、市场化程度低）的情况下，影响更为显著，而公司内外部监督治理作用较好时，反薪酬黏性对公司违规的影响不显著，说明监督治理机制对高管的代理行为进行了抑制。

第五章为非国有股东治理与国企高管反薪酬黏性，从治理机制的角度，探讨如何能抑制国有企业高管激励不足的反薪酬黏性现象。具体地，利用手工搜集的国有企业上市公司非国有股东委派董事和股权的数据，探讨非国有股东参与公司治理对国企高管反薪酬黏性现象的治理作用。首先，我们构建了非国有股东持股和董事会权力方面的变量，探讨两种方式的非国有股东治理对高管反薪酬黏性现象是否有抑制作用；其次，我们讨论了在特殊功能类国有企业和商业竞争类国有企业的区别，并探讨市场化程度的影响；最后，我们分析非国有股东治理对反薪酬黏性引起的不良后果是否有改善作用。实证结果发现：（1）非国有股东参与治理与国有企业高管反薪酬黏性现象负相关，相比于持股的影响，非国有股东拥有董事会权力时更能显著改善公司高管的不合理薪酬现象；（2）非国有股东对高管反薪酬黏性现象的抑制作用在商业竞争类国有企业中更加显著，在特殊功能类国企中则不明显；（3）从市场化程度来看，非国有股东治理在市场化程度低的地区更能发挥作用；（4）进一步研究发现，非国有股东治理对反薪酬黏性现象引起的不良后果有改善作用，类似于监督机制，会降低反薪酬黏性对国有企业未来绩效的负面影响和对违规行为的影响。

第六章探讨了基于国有企业的"限薪令"在民营企业中的溢出效应。具体而言，本章首先对比了国有企业和民营企业的薪酬激励差异，从高管薪酬水平和股权激励两个角度进行对比；其次，本部分对前文的所阐述的"限薪令"下的反薪酬黏性现象在民营企业的影响作出了描述性统计；最后，本部分探讨了民营企业中的反薪酬黏性现象的经济后果，从公司绩效和公司违规两个角度进行探究。研究发现，国有企业高管薪酬水平实际上低于民营企业，实施股权激励的数量低于民企。"限薪令"在民营企业中有一定的溢出效应，会导致民营企业薪酬激励不足现象的增加，民营企业中反薪酬黏性现象会导致公司绩效的降低和违规概率的升高。

第七章为本书的结论，首先对本书的主要结论进行总结，其次，在现有结论的基础上提出相关的政策建议，以期能为混合所有制背景下的薪酬制度改革提供参考，最后对本书的不足和对未来可能的研究方向进行思考，以期未来能够更好地完成相关领域的研究。本书各个章节的框架如图1-1所示。

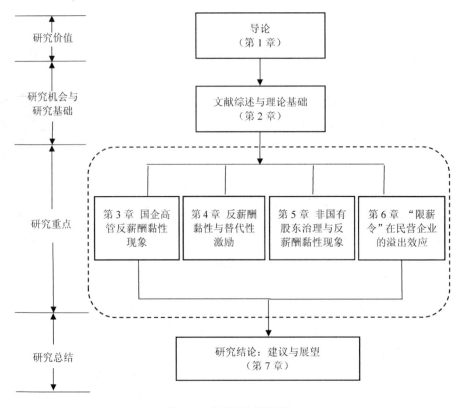

图 1-1　本书研究框架图

1.4.2　主要思路

本书系统梳理了上市公司高管薪酬激励的现有研究，在现有众多探讨过度激励研究的基础上，提出了"限薪令"下高管激励不足的反薪酬黏性现象，并对此进行了全面、深入的讨论，主要从此现象的来源（"限薪令"执行）、所导致的后果、对此现象的治理作用（非国有股东治理）、此现象在民营企业中的溢出效应四方面进行层层递进的研究。本书主要回答了以下问题："限薪令"是否引起了高管反薪酬黏性现象的增加？反薪酬黏性现象是否造成公司绩效的损害和企业违规增多等不良后果？混合所有制改革中引入非国有资本参与治理能否改善反薪酬黏性现象？在特殊功能类国企和商业竞争类国企中有何差别？在民营企业中是否有溢出效应？本书主要内容的逻辑思路如图1-2所示。

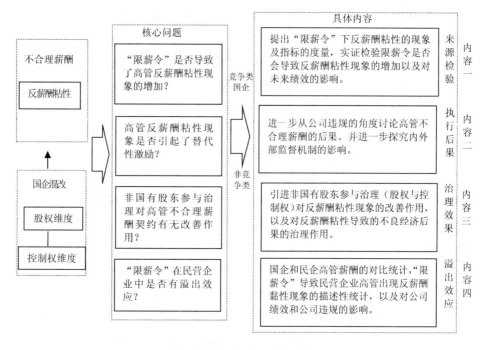

图1-2　本书主要内容思路图

1.5　预期创新之处

本书系统梳理了上市公司高管薪酬激励现状，提出了激励不足的反薪酬黏性现象，并对此现象进行了全面系统的探讨，主要从此现象的来源（"限薪令"执行）、所导致的后果（企业违规增多）、对此现象的治理作用（非国有股东治理）、在民营企业中的溢出效应四方面进行层层递进的研究。相比现有文献，本书的创新之处体现在以下几方面。

第一，本书提出反薪酬黏性的概念，并设计指标进行度量。本书基于国有企业"限薪令"的背景，将国有企业出现的企业业绩上升时高管薪酬不增反降的激励不足现象总结为反薪酬黏性现象，并设计指标进行直观度量。此指标可以作为薪酬管制程度的代理变量，为后续薪酬管制的研究提供参考。

第二，相比现有高管薪酬过度激励的研究，本书从薪酬激励不足的角度提出了高管薪酬契约无效的其他度量。现有研究主要从高管的超额薪酬（科尔等，1999；科克利等，2006；吴育辉和吴世农，2010；方军雄，2012；罗宏等，2014；程新生等，2015）、运气薪酬（贝特朗和穆莱纳，2001；沈艺峰和李培功，2010；鄢伟波和邓晓兰，2018）、薪酬业绩敏感性较低（弗斯等，2006；杜兴强和王丽华，2007；辛清泉和谭伟强，2009）和存在薪酬黏性（加维和米尔本，2006；杰克逊等，2008；方军雄，2009，2011；步丹璐和文彩虹，2013；雷宇和郭剑花，2017）等方面度量高管薪酬契约无效现象，均从高管出于私利目的攫取薪酬或逃避责任的角度度量。本书基于薪酬限制背景，探究对高管激励不足的薪酬契约无效现象

第三，相比现有文献，本书从非国有股东对激励不足型薪酬契约的改善作用，拓展了混合所有制改革的经济后果。现有研究普遍证明了在混合所有制改革中引进非国有股东参与公司治理有积极作用，如提高国企内部控制质量、提高会计信息质量、提高创新效率等（刘运国等，2016；李文贵和余明桂，2015；曾诗韵等，2017），最终在整体上提升国有企业绩效（麦金森等，1994；刘小玄，2004；李广子和刘力，2010；马连福等，2015；郝阳和龚六堂，2017）。现有关于混合所有制改革的文献虽然十分丰富，但非国有股东治理影响高管薪酬契约的文献还在少数，仅有文献从高管的薪酬业绩敏感性的角度进行讨论（蔡贵龙等，2018b），本书基于国有企业"反薪酬黏性"现象，探究非国有股东治理对于激励不足型薪酬契约的改善作用，丰富和拓展了非国有股东治理对高管薪酬激励影响的相关文献，也丰富了混合所有制改革经济后果的相关研究。

第四，本书选取不同于现有文献的企业违规角度，拓展了薪酬管制的经济后果。现有文献发现薪酬管制可能造成高管更多的在职消费（陈冬华等，2005）和腐败（陈信元等，2009；徐细雄和刘星，2013）等不良行为，也可能打击高管工作的积极性，进而影响企业的创新（鄢伟波和邓晓兰，2018）、全要素生产率（黄贤环和王瑶，2020）等。本书则从企业违规的角度提供证据，

以国企高管反薪酬黏性现象引起公司出现更多违规行为拓展了薪酬管制经济后果的相关文献。

第五，不同于现有文献，本书提出了高管为获取替代性报酬而进行违规的动机，扩展了高管薪酬激励对违规影响的文献。现有研究认为，高管进行违规操纵的动机主要为获取较高报酬（肖淑芳等，2013；埃芬迪等，2007；迪舟等，1996；戈德曼和斯勒扎克，2006；迪舟等，2011）、获得更高的股权收益（娜塔莎和西米，2006；苏冬蔚和林大庞，2010；戈德曼和斯勒扎克，2006；谢恩等，2009）和晋升激励（哈斯等，2015）。本书从激励不足引起的寻求替代性激励动机的角度，发现高管反薪酬黏性现象会导致企业违规概率增大，特别是提高了管理层谋取私利类型的违规概率。扩展和丰富了高管激励影响公司违规行为的相关研究。

第六，不同于现有文献，本书从国企分类的角度探讨了反薪酬黏性的不良后果，拓展和丰富了国有企业分类治理的相关研究。国企分类改革是国有企业改革的重点。但国企分类改革的研究主要以理论研究和现状描述为主（黄群慧和余菁，2013；杨瑞龙，2013；高明华等，2014；魏明海等，2017），少数实证研究如徐伟等（2018）从分类治理视角出发，考察了控股方治理机制与企业创新红利之间的关系。本书发现高管反薪酬黏性现象会导致商业竞争类国企的未来绩效降低和违规概率的增加，但对特殊功能类国企的影响则不显著等现象，为国企分类治理提供实证依据，以此拓展和丰富了国企分类治理的研究。

第2章

文献综述与理论基础

2.1 上市公司高管激励的文献

高管激励机制是公司治理的核心话题，其目的是通过一系列激励措施，激发高管的积极性和创造力，促进公司战略目标的实现和整体绩效的提升。上市公司高管激励在提升公司业绩、吸引和留住人才、提高治理水平和决策效率及增强市场竞争力等方面都具有重要意义。因此，公司应根据自身实际情况和发展需求，设计合理有效的高管激励方案，以激发高管的潜能和创造力，推动公司的持续健康发展。高管激励的方式多种多样，包括但不限于货币性激励、股权激励、晋升激励等。本部分从以上三方面进行文献梳理，旨在让读者全面了解上市公司高管激励的现状。

2.1.1 上市公司高管激励方式

1. 货币性激励

上市公司高管的激励基础来源是货币性激励，是能直接体现高管薪酬契约的有效工具，包括工资、奖金、津贴、年薪、福利、红利等方式。其中，福利是对工资或奖金等难以包含和准确反映的一种补充性报酬。对于员工个人的福利项目可以按照政府的规定分成两类。一类是强制性福利，企业必须按政府规定的标准执行，比如养老保险、失业保险、医疗保险、工伤保险、住房公积金等。另一类是企业自行设计的福利项目，常见的如人身意外保险、医疗保险、家庭财产保险、旅游、服装、误餐补助或免费工作餐、健康检查、俱乐部会费、提供住房或购房支持计划、提供公车或报销一定的交通费、特殊津贴、带薪假期等。货币性激励是高管短期和中期的激励机制，货币性薪酬的设计对企业而言至关重要。

在我国，国有企业高管的薪酬激励主要是货币报酬，包括工资、奖金等形式，且国企高管的薪酬主要依赖于固定薪酬部分，如基本工资和津贴等，而浮动薪酬部分，如奖金和佣金等，可能占比较小。在一些国有企业中，这种薪酬结构可能无法充分反映高管的努力和业绩，也无法有效激励高管去追求更高的业绩目标（黄速建等，2019；陈冬华等，2005；王曾等，2014）。文献指出，国企相对于民营企业，激励方式较为单一，约束条件较多，缺乏针对高管的衡量标准，高管收入与企业业绩相关程度较低，难以起到很好的激励作用（陈蕾，2021）。张颖等（2023）讨论了激励作为企业调控员工积极性和能动性的重要工具，主要考虑了马斯洛的需要层次理论和赫茨伯格的双因素理论。对于企业高管而言，短期的薪酬激励和福利并没有较强的激励作用，他们追求的是更高层次的目标，如股权激励，以满足自我实现的需求。

2. 股权激励

除货币性薪酬外，市场化的高管应探究中长期的激励机制。股权激励是一种有效激励方式，让管理层持有公司股份，有助于解决股东和经理层之间目标不一致的代理问题，让管理者成为股东，解决两者之间的利益冲突。股权激励能够激发高管工作的积极性、有利于公司治理制度的完善。

中国证监会于2005年发布《上市公司股权激励管理办法》（试行），旨在建立、健全上市公司激励与约束机制，改善公司治理，促进上市公司持续发展。该试行办法发布以来，上市公司积极响应，公告股权激励方案的公司数量从2006年的42家激增至2017年的450家（彭韶兵等，2021）。股权激励方案的数目逐年递增，说明股权激励在我国资本市场得到了一定程度的采用，学术界也对股权激励的实施效果进行了广泛的研究，但目前尚未能够得出一致的结论。

部分学者认为股权激励绑定了管理层与公司的利益，可以缓解因管理层与股东的利益冲突而引发的代理问题，从而改善公司治理水平，提升公司业绩，是一种有效的激励机制（詹森和迈克林，1976；阿布雷斯等，2015）。现有研究从不同角度提供了实证证据，如能够协调经理人与委托人之间的利益（乔鲁等，2008）、吸引和保留人才（齐奥米斯，2008）等。股权激励的实施不仅可以提高公司投资水平（汝毅等，2016），还可以提高投资效率（阿格瓦尔和萨姆威克，2006）。股权激励对公司研发动机和创新效率也具有积极影响，可正向促进企业的创新投入和创新产出（田轩和孟清扬，2018；巴兰丘克等，2014），股权激励还可提升内部控制的有效性（戴璐和宋迪，2018），进而提升公司绩效（贝蒂斯等，2010）。

另一些学者基于管理层权力理论，提出了不同的意见，他们认为当权力较高的管理层能够影响自己的薪酬契约设计时，股权激励就不再是缓解管理层代理问题的有效方式，反而会引发新的代理问题，损害公司绩效（法玛和詹森，1983）。例如股权激励的实施可能成为管理层攫取私利的手段，其可以通过薪酬设计来掩盖巨额薪酬或在财务报告中舞弊获取股权激励带来的财富（别布丘克和弗里德，2004；埃芬等，2007）。此外，当管理层权力较大时，股权激励计划中制定的业绩目标更低，股权激励的实施具有负面效应（阿伯内西等，2015）。

3. 晋升激励

高管晋升激励是指高管的职位若是被提升，其所能够获得的与原职位相比的新增利益。相比于货币激励和股权激励，晋升激励是一种隐性的激励机制。国企高管和民企高管晋升激励存在一定差异。国企高管同时具备"准官员"和"经纪人"两种身份，因此，其在企业任职期间还存在潜在的职位晋升激励。虽然在20世纪90年代已经提出国企去行政化，但是到目前为止国企高管仍具有相应的行政编制。卢馨（2016）指出虽然国企的"准官员"身份在多年前已经被废除，但是至今国企高管的调动、任免、交流等仍由各级政府部门管理。国企高管依然可能通过政治晋升途径进入到更高的上级公司任职或者进入政府部门任职，众多学者表明这对高管是隐性的激励机制。而民营企业高管晋升激励是指企业以职位晋升的方式来激励非CEO级别的高管努力工作，从而降低代理成本并提升企业绩效（廖理等，2009）。

目前学术界关于高管晋升激励效应研究结论不一。一方面，一些学者认为高管晋升激励存在积极效应。拉奇尔和罗森（1981）的晋升锦标赛理论中提出，高管职位晋升给企业绩效提供了一种隐性激励机制。卡莱等（2009）提到，CEO与其他低级别高管之间的差距给其他低级别的高管带来了一种潜在的晋升激励，可以促使其更加努力工作，提高企业绩效。另一方面，晋升机制可能有负面效应。哈贝塔等（2015）在行为理论中指出，高管晋升所带来的薪酬差距，抑制了高管的积极性，不公平感的产生使得团队摩擦加大，阻碍正常合作。面对职位晋升诱惑的同时，高管也会产生强烈的盈余管理动机，可能从事舞弊行为，增加企业违规概率。由此可见，晋升激励对非CEO级高管而言，可能产生正面激励，也可能兼具负面效应。

2.1.2 高管激励现状

在我国，薪酬契约设计上，随着市场化改革的逐步推进，上市公司高管薪酬契约具有一定程度的有效性（李维安和张国萍，2005；辛清泉和谭伟强，2009；方军雄，2009）。国有企业的高管激励具有独特性，其激励方式较为单一，主要来源于货币性激励中的固定薪酬部分，薪酬契约的弹性较小。但晋升激励对国企高管有隐性的正向激励作用。

股权激励上，现有文献发现我国员工持股计划还不成熟，高管持股比例较低，高管未持股的现象较多；根据现有公开的数据也较难区分高管的股票来自股权激励还是自己购买（方军雄，2009）。此外，国有企业的股权激励数量远远少于民营企业，且国有企业的股权激励效果较差。原因在于国有企业的股权激励具有福利、奖励和激励三种性质，定位困难，难以发挥激励效果（辛宇和吕长江，2012）。另外，邵帅等（2014）也发现国有企业的股权激励计划往往受到很多政策限制，如激励比例和收益等有一定标准，股权激励倾向福利性质。

2.1.3 小结

整体来看，高管激励包含显性激励和隐性激励两部分，显性激励中包含货币性薪酬和股权激励等，隐性激励主要指晋升激励。整体来看，现有文献主要从高管激励的方式、各种方式的效果、企业异质性等角度探讨了高管激励现状。本部分进行了系统梳理，旨在让读者全面了解高管激励机制。

2.2 上市公司高管薪酬激励的文献

高管薪酬激励机制是公司治理的核心话题。良好的薪酬契约实质是能同时实现委托人和代理人的目标。国内外关于高管薪酬的研究可谓汗牛充栋，主要围绕薪酬激励有效性的方式、高管薪酬过度激励的不合理现象以及对高管薪酬的管制现象等几方面进行研究。其中，高管过度激励导致的不合理薪酬主要从高管的薪酬业绩敏感性低、高管超额薪酬、运气薪酬和薪酬黏性四方面展开。而基于我国国有企业特殊背景，众多文献还探讨了"限薪令"的影响。本部分从以上几方面对高管的薪酬激励文献进行总结。

2.2.1 高管激励激励有效性的研究

最优契约理论强调，代理人效用最大化是以实现委托人利益最大化为基础。其本质是设立以股东价值最大化为目标的薪酬契约，经理人想获得高回报，就必须通过努力实现股东价值最大化，即最优契约能够保障经理人效用最大化和股东价值最大化两个目标的实现，缓解由于委托人和代理人目标不一致带来的代理问题。这种薪酬激励的设计被认为是解决委托代理问题的最好方式（詹森和墨菲，1990；詹森等，2004）。其中，被广泛应用的方式是经理人的薪酬与绩效挂钩，将经理人的报酬最大程度与企业的绩效关联，能够最大程度保障经理人目标和股东目标的一致性。

国外大量文献对经理人薪酬与业绩的关系进行了探讨，发现了业绩与薪酬正相关的实证证据（詹森和墨菲，1990；杰克逊·洛佩兹和雷滕加，2008）在我国，随着市场化的不断推进，学者也发现了薪酬与业绩的相关性（辛清泉和谭伟强，2009；方军雄，2012等）。业绩薪酬敏感性成为了国内外研究中衡量薪酬契约有效性的工具，大量文献探究薪酬业绩敏感性的影响因素。其中包括市场化进程对薪酬业绩敏感性的影响（辛清泉和谭伟强，2009）、国企"限薪令"的影响（沈艺峰和李培功，2010）、股权分置改革的影响（陈胜蓝和卢锐，2012）、内部控制的影响（卢锐等，2011）、媒体监督的影响（杨德明和赵璨，2012）、政治关联的影响（唐松和孙铮，2014）、明星独立董事的影响（罗进辉，2014）、创新的影响（卢锐等，2014）等。

整体来看，在我国，随着市场化改革的逐步推进，上市公司高管薪酬契约具有一定程度的有效性，薪酬与业绩基本挂钩（李维安和张国萍，2005；辛清泉和谭伟强，2009；方军雄，2009）。

2.2.2 高管薪酬过度激励现象

金融危机以来，不断曝光的上市公司高管巨额薪酬，引发了公众对高管的广泛质疑。学术界主要从以下几方面探讨高管薪酬契约的无效性和不合理性，其实质均为管理层利用权力攫取薪酬，以达到实现其私利的目的，出现了过度激励现象。

1. 薪酬-业绩敏感性低

合理薪酬契约的重要表现为高管薪酬与公司业绩保持高度相关性，但管理层权力妨碍了薪酬契约的有效性。管理层权力直接表现为对自己薪酬的制定有很强的控制力。早期关于管理层权力的研究认为，管理层对自己的薪酬有影响力，特别是在监管环境较弱，内部权力过于分散时，管理层可用自己的权力对企业决策进行干预，会影响董事会独立性，进而影响自己的薪酬，使薪酬业绩敏感性降低（别布丘尔和弗里德，2002，2004）

由于国有企业中存在"所有者缺位"和"内部人控制"等现象（卢锐等，2011），国有企业高管的薪酬激励主要存在两个问题：一是政府管制下的限薪，二是薪酬与业绩关联度不高。薪酬与业绩关联度不高是指国企高管薪酬与绩效挂钩不紧密。究其原因，刘凤委等（2007）认为，由于国有企业政策性负担的承担弱化了业绩与高管努力程度之间的关联度，为保证激励的有效性，国有企业会相应地降低高管薪酬与业绩之间的敏感性。张敏等（2013）也得出了类似的结论，他们发现为了避免高管只顾自己的薪酬而对其余职责履行不够的情况出现，国有企业会降低高管薪酬与业绩的敏感性。此外，刘慧龙等（2010）发现政治关联会减弱高管的薪酬与业绩之间的敏感性，他们认为政治关联代表着政府干预，政府干预导致薪酬业绩敏感性降低。

2. 超额薪酬与薪酬辩护

管理层权力妨碍薪酬契约有效性的证据还体现在管理层获得超过公平收入的超额薪酬（别布丘尔和弗里德，2003）。国外大量文献发现，管理层权力降低了薪酬契约的有效性，高管为谋取私利获得了超额报酬（别布丘尔和弗里德，2003）。国内大量文献也发现了高管进行薪酬操纵的证据（权小锋等，2010；方军雄，2012；谢德仁等2012；郑志刚等，2012；罗宏等，2014a；罗宏等，2014b；程新生等，2015）。此外，大量文献发现在管理层获取超额薪酬的同时，为减少外界质疑，有动机为自己的高额薪酬提供合理解释，即进行薪酬辩护，（福尔肯德和杨，2010，罗宏等，2014a）。当经理人获得超额报酬时，有更高的薪酬辩护需求，可能会通过提高薪酬业绩敏感性（谢德仁等，2012；罗宏等2014a）、披露较多的战略信息展现自己才能（程新生等，2015）、会计政策的隐性选择（谢德仁等；2014））等方式来为自己的薪酬做正当性辩护。高管的超额薪酬是薪酬契约无效的表现，也是对于股东而言不合理的薪酬现象。

3. 运气薪酬

高管薪酬不合理现象还有另一种表现，即管理层获得的运气薪酬。如管理层可凭市场的整体上升而得到奖励（别布丘尔和弗里德，2005）。现有文献发现，高管运气薪酬现象普遍存在（辛清泉和谭伟强，2009；方雄军，2009；别布丘尔和弗里德，2003；杰克逊等，2008；沈艺峰和李培功，2010）。

现有的一些文献认为我国国有上市公司中运气薪酬现象较为明显。如沈艺峰和李培功（2010）通过对2009年"限薪令"的检验，发现我国上市公司运气薪酬的现象明显，而且薪酬管制对其效果甚微。鄢伟波和邓晓兰（2018）也发现薪酬管制对薪酬契约的改善有一定作用，能够对国企高管的运气薪酬有抑制作用。一些文献则认为董事会的专业性有利于高管运气薪酬的治理，如审计委员会与薪酬委员会重叠有利于减少运气薪酬（邓晓岚等，2015）。此外，公司内部治理越好，越能抑制高管的运气薪酬（贝特朗和穆莱纳）。贾凡胜（2018）发现高管能获得运气薪酬，尤其在国有企业，并且通过区分公司面临的外部监督和制度环境越好，高管得到的运气薪酬越少。

4. 薪酬黏性

有学者研究发现高管薪酬的黏性特征（杰克逊等，2008；方军雄，2009）。现有大量研究显示，我国公司经理人的激励机制没有达到对高管进行制约的效果，只是单方面的激励，业绩上升时薪酬的增加程度大于业绩下降薪酬的减少幅度，存在黏性特征（王克敏和王志超，2007；方军雄，2009；2011；谢德仁等，2012）。当企业的业绩上升时，高管会通过薪酬契约中业绩与薪酬的相关性获得高额薪酬，而当业绩下降时，高管会寻找理由让自己的薪酬免于下降，如国有企业中高管的政策性负担、宏观环境的影响等理由。

这些文献仅探究高管薪酬是否有黏性，对黏性值的大小并没有一套成熟的办法进行量化。步丹璐和文彩虹（2013）设计指标，具体量化了薪酬黏性值的大小，并检验高管薪酬黏性对于企业投资的影响。随后，在此基础上，一些研究认为高管工资的黏性比员工工资的黏性大是收入分配的不公平，会降低员工效率（雷宇和郭剑花，2017）。研究其内在激励的文献发现，大股东掏空的程度与高管薪酬黏性正相关（张汉南等，2019）。高管薪酬黏性的存在使高管薪酬契约的有效性受到挑战，高管薪酬的黏性是对于投资者而言的不合理现象。

2.2.3 薪酬管制的文献综述

过度激励现象的存在，导致高管薪酬契约的有效性受到损害。由于我国国有企业的特殊性质，加上"天价薪酬"等不合理现象的出现，国有企业高管的薪酬长期受到限制。众多学者对薪酬管制进行了探讨，主要从薪酬管制的优缺点和对政府"限薪令"相关研究入手。

1. 薪酬管制的优缺点

学术界对薪酬管制进行了广泛的讨论。主要分为两派观点：一类持支持态度，一类持反对态度。

①支持薪酬管制的观点大致基于以下五种原因。

第一，国有企业承担了更多社会性负担和任务，其经营目标不只是企业的业绩，存在多元化的目标，可能导致国务院国资委和国有企业管理者之间存在信息不对称的问题，对国有企业高管的努力程度难以准确度量，因此难以将其薪酬与业绩挂钩，设计合适的薪酬契约。在此背景下，一刀切的薪酬管制可能是政府的唯一选择（陈冬华等，2005）。第二，高管存在运气薪酬（特朗和穆莱纳，2001）、超额薪酬（别布丘尔和弗里德，2004）和薪酬黏性（杰克逊等，2008；方雄军，2009；辛清泉和谭伟强，2009）等不合理薪酬现象。高管通过管理层权力影响其薪酬的制定，如不进行管制，高管薪酬不合理的现象将会更加严重，影响企业价值和收入分配的公平性。第三，国有企业的业绩，可能不是源于高管的努力程度（岳希明等，2010；方芳和李实，2015）。一些国有企业具有行业优势，特别是特殊功能类的行业，其利润往往是行业的特殊性带来的，高管拿高薪酬不合理。第四，高管市场定价不完全，对管理层的才能定价有一定的噪声，才能是特殊的专有技能，因此，对其定价没有明确参考依据。普通员工通过其对公司做出的贡献定价，但高管的贡献难以衡量，所以高管薪酬通常偏高（皮凯蒂等，2014）。第五，落实到中国的国有企业，由于国有企业的高管部分是行政任命，其有着党政官员和企业家两重身份，当官员从行政系统变为企业管理者，享受行政等级的同时拿着超高薪酬不合理，因此应该进行限制。

②反对薪酬管制的观点如下。

少数学者认为，不应该对国有企业高管进行薪酬管制，原因如下。其一，建立市场化、透明化的薪酬激励制度，才是国有企业改革的方向（辛清泉等，2007；方军雄，2009）。其二，管制是对人才定价的限制，不利于对人才的激励，也会降低高管工作的积极性（哈耶克，1959；詹森和墨菲，1990；卡普兰，2008）。如鄢伟波和邓晓兰（2018）发现薪酬管制降低了高管的努力程度，投资效率率降低；杨青等（2018）认为当薪酬管制导致高管薪酬增长小于市场水平，会使高管出现懒政与怠职等行为。其三，当薪酬受到严格管制时，高管可能会寻求其他替代性激励，如寻求更多的在职消费（陈冬华等，2005；张楠和卢洪友，2017），造成更为严重的代理问题。其四，反对者认为，即使出现管理层权力导致的高管超额薪酬、薪酬黏性、运气薪酬等不合理现象，应通过积极完善公司治理，改进内部控制，建立现代化的企业制度来进行抑制，而不是通过行政干预进行限制。

2. 政府"限薪令"相关研究

现有关于"限薪令"的研究集中于检验政府"限薪令"的政策效果。如沈艺峰和李培功（2010）通过对2009年"限薪令"的检验，发现我国上市公司运气薪酬的现象明显，而且"限薪令"对其效果甚微。田妮和张宗益（2015）分析了高管正式契约和关系契约的薪酬，结论表明，薪酬管制作用有限，只约束了高管的正式薪酬，并没有限制高管通过关系契约获得的薪酬。杨青等（2018）发现2014年"限薪令"有实际作用，能够约束高管的货币薪酬，并且缩小了企业内部的薪酬差距。此外，少部分文献基于"限薪令"探讨了其经济后果，申毅和阮青松（2017）发现高管会因为薪酬限制进行盈余管理；黄贤环和王瑶（2020）发现"限薪令"抑制了国有企业全要素生产率的提升。

2.2.4 小结

以往文献关于高管薪酬契约无效性的描述主要从高管过度激励的角度进行，如高管的超额薪酬、运气薪酬、薪酬黏性以及薪酬对业绩的敏感程度来表示高管薪酬契约的不合理性，鲜有文献从高管激励不足的视角探讨薪酬契约的无效现象。本书从企业业绩增长时薪酬不增反降的反黏性现象，探讨激励不足的薪酬契约的无效性及经济后果。

2.3 国有企业混合所有制改革的研究

2.3.1 混改的方案研究

赵玉红（2017）将目前国内国有企业的混改模式总结为以下五种：开放式改制重组、整体上市、设立政府引导基金（产权制度改革）、引入战略投资者和员工持股。胡谷华等（2016）则将国内外的混改模式归纳为九种。也有学者认为国有企业推行混合所有制改革主要只有三条路径，国有企业股权转让给民营、国有和民营合作和员工持股（陈仕华和卢昌崇，2017）。部分研究认为民营企业进入国有企业是最现实和可行的方案（霍，2015；韩复龄和冯雪，2014）。而在混改模式方面，大多学者认为首先需要降低国有企业的关联交易、政策性负担，还原国有企业的真实利润，在剥离政策性负担后，不断放开诸如上市发行及行业准入等各项管制，提速股份制改革（陈林和唐杨柳，2014；杨兴全和尹兴强，2018；沈红波等，2019）

混合所有制改革已将员工持股计划作为重点改革的方向。股权激励是一种有效激励方式，让管理层持有公司股份，有助于解决股东和经理层之间目标不一致的代理问题，混合所有制改革中股权激励能够激发高管工作的积极性、优化股权结构、有利于公司治理制度的完善。但在国有企业中，员工持股计划面临诸多难题，如国有资产的流失、法律金融保障体系的不完善等，需要建立良好的制度体系和法律环境（张孝梅，2016）。

2.3.2 混改的经济后果研究

1. 混改的积极后果

现有国内外研究就国企民营化持较为积极的态度，认为民营化可以带来国有企业经营效率的提升（博德曼和维宁，1989；孙和汤，2003；刘小玄，2004）。国有企业混合所有制改革能改善经济效益，促进企业创新，减轻国有企业的政策性负担，并提高盈利能力和生产率（白重恩，2006；郝阳，2017；胡一帆，2006；李文贵，2015；许召元，2015）。例如，国内学者也指出，国有企业的民营化改革是富有成效的，不仅能够提高国有企业的经营效率和盈利能力，而且在获得这些收益的同时并未导致大规模的失业问题和社会成本的增加（陆挺和刘小玄，2005；白重恩等，2006；郝大明，2006；李广子和刘力，2010；杨记军等，2010）。例如，李文贵和余明桂（2015）发现民营化后非国有股权的引入不仅可以减少政府对企业投资决策的干预，还能够完善公司治理，以缓解代理问题，调动高管的工作积极性，最终带来更多的企业创新。逯东等（2019）从并购的角度探讨了混合所有制改革，发现非实际控制人的董事会权力提高了并购的质量（效率）。程和吴（2014）发现了国有股权和财务业绩之间的非线性凹性关系，表明私人和高度政府治理这两种极端类型企业的业绩均低于混合所有制企业。郝阳和龚六堂（2017）发现国有股权和民营股权能够提高绩效，郝云宏和汪茜（2015）、王艳（2016）通过具体案例研究，发现混合所有制改革具有制衡国有股东和驱动创新发展的作用。并且国企民营化改革还有利于盈利能力提升，促进国家经济增长（许召元和张文魁；2015；麦金森和奈特，2001）。

2. 混改的负面影响

部分研究发现在国有企业混合所有制改革中，民营化或私有化政策的施行也存在一定的问题。如国有企业混改可能导致大量员工失业、降薪和社会不稳定等（白重恩，2006）。也有学者指出，混改后原有的国有大股东与民营大股东之间可能有利益冲突或者合谋的可能性（汤谷良和戴璐，2006）。如部分研究认为大股东可能有掏空行为，以致降低公司价值（彭，2010）。

少数学者认为，引进民营资本并不能解决两权分离产生的代理冲突和政策性负担等问题（林毅夫等，1997；林等，1998），更有甚者，可能导致严重的国有资产流失等负面影响（白云霞和吴联生，2008）。例如刘春和孙亮（2013）国有企业发现引进民企后，其政策性负担不仅没有改善，反而加重了。盛丹（2013）发现混改可能不利于社会总福利的改善。陈林（2018）的研究指出在自然垄断环节，混改并不能显著提升企业生产效率。究其原因，刘运国等（2016）认为民营资本进入特殊行业是为了分享利润，其获得的高收益会减弱参与公司治理的动机。

3. 经济后果的不确定性

部分学者认为混合所有制改革政策实施过程中也有值得商榷的地方。一是在混合所有制企业中股权配比上，非国有股份比例过低可能达不到改革效果，过高又可能产生其他代理问题，如民企大股东之间也会形成合谋（刘星和刘伟，2007），甚至当民营企业取得控制权后，即使有国有股东制衡，其对公司的掏空相比民营股东一股独大的情形更甚（涂国前和刘峰，2010）。二是在引入股东性质方面，首先股权多样性对国企绩效的作用未有定论，有研究认为两者是存在U形关系（林，2009）。马连福等（2015）也发现其他股东的参股深入度与企业绩效呈倒U形关系，而杨兴全和尹兴强（2018）却发现股权多样性因提升国企治理水平的作用有限，所以对现金持有没有影响，也没有提升企业价值。股东异质性对国企的治理效应也存在差异，马连福等（2015）发现，在国有上市公司中，相较于民营股东，外资股东的制衡效果更好。如果只有单纯的股权混合，却未保障非国有产权不受侵犯和非国有股东权利的行使（黄速建，2014），那么非国有股东的治理效应可能无法发挥。类似地，马连福等（2015）发现非国有股东简单持股对公司绩效没有改善作用。在此基础上，刘运国等（2016）、蔡贵龙等（2018b）和曾诗韵等（2017）发现非国有股东有话语权才能显著提升国企内控质量、国企高管薪酬的业绩敏感性和会计信息质量。

2.3.3　混改对公司治理影响的研究

混合所有制改革已到"改"机制的阶段，公司治理是国有企业"公司化"

产权改革取得实质成功的关键，也是国有企业真正转向市场化经营机制的基础（黄速建等，2019）。就国企引入非国有资本后，公司治理制度如何改革，现有研究主要讨论了非国有资本的治理效果及混改对高管选聘、激励与约束问题。

1. 非国有股东的治理效果

梳理现有大量文献发现，混合所有制中引进非国有股东，能够完善公司治理，如提高国企内部控制质量（刘运国等，2016）、能够制衡国有股东（郝云宏，2015）、提高会计信息质量（曾诗韵等，2017）等方面。

学术界对非国有股东发挥治理作用的途径进行了广泛探讨。一些研究发现，国有企业民营化只要进行所有权转移就可以提高企业绩效（武常歧和张林，2014；王甄和胡军，2016）。但多数学者认为只转让股权，而不转让控制权，混改可能成了只"混"不"改"。非国有股东在企业决策中如果缺乏话语权，可能难以达到治理效果。因为持有股份只是非国有股东的初级治理参与形式，并不一定保证非国有股东的治理参与能力有实质性影响力。多数学者认为，拥有董事会权力能够为非国有股东"发声"提供条件，原因在于，其一，进入董事会可以获得公司内部信息，提高决策的有效性；其二，拥有董事会席位可以直接参与公司重要生产经营活动，并有一定的投票的权力（赫尔曼和韦尔斯巴赫，2001；蔡贵龙等，2018b；逯东等，2019）。

2. 针对高管选聘、激励与约束的研究

混合所有制企业中高管选聘、激励与约束被认为是国有企业改革的最后一个环节（沈红波等，2019）。长期以来，国有企业在这三个方面受到政府的干预较为严重，这削弱了国有企业公司治理的有效性（尼等，2007）。

①在高管选聘方面。以往国有企业的高管主要是国资委任免，有行政任命的高管可能目标是晋升激励（廖冠民和张广婷，2012）。因此，在混合所有制改革中，已有研究认为应建立市场化高管选聘机制，构建员工任用、流动和退出机制（黄速建等，2019）。綦好东等（2017）也指出当董事会和股东拥有了高管任免权，可以选择职业经理人管理企业。在对国有企业高管去行政化的讨论上，沈红波等（2019）认为高管行政级别应该被取消；而王东京（2019）则认为，行政级别是国有企业的特点和历史原因决定的，改革的重点不是取消行政级别，而是完善法人治理结构，实行政企职责分开。

②在高管激励方面。由于国有企业中存在"所有者缺位"和"内部人控制"等制度缺陷（卢锐等，2011）。长期以来，国有企业高管的薪酬激励主要存在两个问题：一是政府管制下的限薪，二是薪酬与业绩关联度不高。前者是

指政府对薪酬的行政化限制，这种管制一定程度上使国有企业难以对市场变化进行灵活应对（黄速建等，2019），既不能吸引人才，又可能留不住人才，且管制可能导致更严重的代理问题，如高管在职消费（陈冬华等，2005；王曾等，2014）、高管腐败（陈信元等，2009；徐细雄和刘星，2013）等。后者是指国企高管薪酬与绩效挂钩不紧密甚至不挂钩。究其原因，刘凤委等（2007）认为，由于国有企业政策性负担弱化了业绩与高管努力程度之间的关系；此时，业绩指标存在较大的"噪声"，为保证激励的有效性，国有企业会相应的降低高管薪酬与业绩之间的敏感性。张敏等（2013）也得出了类似的结论，他们发现为了避免高管为提升自身薪酬水平而减少冗员负担的履行，国有企业会降低高管薪酬与业绩之间的敏感性。此外，吴联生等（2010）发现国有企业高管的额外薪酬与业绩没有相关性，而非国有企业存在相关性。刘慧龙等（2010）发现政治关联会减弱高管的薪酬与业绩之间的敏感性，他们认为政治关联代表着政府干预，政府干预导致薪酬业绩敏感性降低。由于国企高管人员的贡献难以具体量化，政府也无法确定统一的薪酬标准（王东京，2019）。对此，学者指出，需要通过市场化手段对薪酬分配进行调节，如实行差异化薪酬制度，使薪酬收入与员工个体职责和贡献紧密相连（黄速建等，2019），如可实施高管的员工持股长期激励机制（琼斯等，1995）。而在国企高管薪酬制度的具体设计上，王东京（2019）认为应根据企业类别分类施策。如国有独资企业，高管年薪应由政府确定；国有控股企业，高管年薪可分两种情况：政府委派高管人员的年薪由政府确定，而其他高管人员的年薪可由企业确定；非公资本控股，国有参股企业，高管年薪可由企业自行确定等。

③高管约束方面。国有企业存在的典型问题是"所有者缺位"，因此，对高管的约束较弱，混合所有制改革中对高管约束机制的改革尤为重要。一方面，国有企业的董事会都是大股东选派的代表担任董事，其决策行为没有制衡方（沈红波等，2019）；另一方面，由于国资委和国企高管之间也存在信息不对称，国资委无法做到全面了解和有效监督（王东京，2019）。因此，在混合所有制改革中，已有研究认为需要加强国有企业高管的约束机制，如在薪酬设计中，设计条款约束经营者的短期行为（綦好东等，2017）；在业绩考核中，增加不定期考评、没有达到预算目标的惩罚机制（沈红波等，2019）；在用工制度中，实行契约化管理和任期制，推行公开招聘制度，并建立市场退出机制等（黄速建等，2019）。另外，通过混合所有制改革，非国有股东也可以委派高管进入经营管理层，从而形成高管之间的约束制衡机制，进而可以降低管

理者在职消费、贪污等机会主义或道德风险行为。对此，已有研究发现，非国有股东委派董事能显著提升国企内控质量、国企高管薪酬的业绩敏感性和会计信息质量（刘运国等，2016；蔡贵龙等，2018a；曾诗韵等，2017）。而在监管层面，盛丹和刘灿雷（2016）发现外部监管改善了国有企业的改制成效。因此，在我国当前法律法规尚未健全、资本市场仍有待完善的背景下，推进混合所有制改革，加强对企业高管的监督仍然需要外部监管的存在。

2.3.4　国有企业分类治理

我国国有企业设立的目标除了提供公共品、控制关键行业等非经济目标外，还承担着特殊且复杂的国家使命（中国社会科学院工业经济研究所课题组等，2014）。正是因为国有企业承担着不同的国家使命目标，对国有企业进行分类管理成为国企改革的必然要求。

对于分类改革的研究，大部分还停留在理论阶段，理论探讨的重点问题是如何进行分类，以什么标准分类？现有研究大概有以下几种思路：其一，分为竞争与非竞争类（杨瑞龙等；1998）；其二，按照企业经济属性、股权状况和资产情况对国有企业进行分类监管（张政军和王怀宇，2009）；其三，从国有企业的资本来源（capital）、功能定位（function）和产品定价（price）三个维度，即"CFP 三维分类"模型对国有企业进行分类（罗新宇等，2014）。然而，以上研究均是从理论层面进行探讨，也有部分研究对现有企业进行调研、总结，探索分类改革的合理性以及现有分类改革存在的问题（黄群慧和余菁，2013；高明华等，2014）。总体而言，学者们普遍认为国有企业应探讨差异化的改革思路，实施分类改革。

近年来，少数文献对公司分类治理进行研究。魏明海等（2017）对国有企业分类改革的现状进行了全面总结。杨青等（2018）研究发现，2014 年"限薪令"有实际作用，能够约束高管的货币薪酬，并且缩小了企业内部的薪酬差距，对竞争和特殊功能类央企有不同的冲击效果，他们建议国企高管薪酬政策应遵循分类改革和精准监管的思路。王东京（2019）对国企高管薪酬制度的具体设计提供了分类改革的建议，他认为应根据企业类别分类施策，分为国有独资企业、国有控股企业和国有参股企业，根据高管人员的不同类别进行分类管理。

2.3.5　小结

现有关于混合所有制改革的文献十分丰富，但混改能否有效提高国企高管的薪酬激励水平处在理论探讨阶段较多，仅有文献从高管的薪酬业绩敏感性的角度进行讨论（蔡贵龙等，2018b）。本书构建薪酬不合理的反薪酬黏性指标，探究混合所有制改革对于反薪酬黏性现象的改善作用，并探究混改对于不合理薪酬不良经济后果的治理作用，扩展了混改对公司治理作用的研究。

现有文献对国企分类改革进行了积极的探索和研究，并取得了一定的研究成果（黄群慧和余菁，2013；罗新宇，2014；中国社会科学院工业经济研究所课题组，2014），但是，国企分类改革的研究仍然在很大程度上停留在理论探讨阶段。本书从反薪酬黏性现象所导致的特殊功能类国企和商业竞争类国企不同的经济后果，为国有企业分类改革提供实证证据。

2.4　上市公司违规行为的研究

2.4.1　上市公司内部影响因素对违规行为的影响

现有对上市公司违规行为研究的文献众多，主要从公司内部治理与公司外部环境治理两个角度探究其影响因素。内部治理的主要影响因素如下。

1. 董事会的特征

文献发现董事会特征能够影响公司的违规行为，原因在于董事会的功能是对管理层进行监督治理。

①董事会规模。一些研究认为董事会规模越大，专业背景涵盖越广，能够提供更有价值的信息咨询，降低控制董事会的可能性，缓解代理冲突和实现内部监督（高雷和罗洋，2008；李常清和赖建清，2004；冯旭南和陈工孟，2011），但是袁春生等（2008）发现董事会规模扩大的监督效应呈现出倒U型。相反，一些研究认为过大的董事会造成管理无效，董事会有可能为达到私利目的，造成更多的违规行为（詹森，1993；李胜楠，2009）。而孙敬水和周永强（2008）认为董事会规模与公司违规行为无关，无法起到内部治理的作用。

②独立董事（简称"独董"）的作用。现有文献对独立董事是否发挥监督咨询作用观点不一，部分研究认为独立董事会基于声誉机制履行监管职责，因此独董比例越高，企业的信息披露质量也更高，企业违规的概率越小（陈和雅吉，2006；吴晓晖和姜彦福，2006；杜兴强和温日光，2007）。部分学者认为独立董事仅为大股东服务，在董事会中势单力薄，无法在董事会中推翻关联交易和内幕交易等决策，更有合谋的可能（郑春美和李文耀，2011）。并且独立董事的行为会受到管理层干扰，身兼数职的独立董事没有过多精力来履行职

责，由此独董比例的提高不能减少公司违规行为（孙敬水和周永强，2008；曹伦和陈维政，2008；蔡竞等，2015）。更有研究发现，独董比例的提升会有更高的违规行为，说明独董和管理层合谋，而没有起到内部监督的独立作用（邓可斌和周小丹，2012）。陆瑶和李茶（2016）发现CEO对董事会的影响力会增加公司违规的可能性。作用渠道为：独立董事可能由新晋CEO提拔，出于对CEO的感激之情，会对其实施的违规行为更加宽容，因而造成公司违规的可能性越大。一些研究认为独立董事的网络能够影响公司违规行为（万良勇等，2014）。此外，较多文献发现具有会计、财务背景的独董能够对公司的经营活动产生影响，能够提高公司信息质量（王兵，2007；胡奕明，2008；叶康涛，2011；曹洋，2011）。还有部分研究发现独立董事的薪酬对其工作积极性有影响。积极的观点认为较高的薪酬激励能够让独董积极参与公司治理，更加尽职为股东服务，更有底气否决议案，提高管理层的薪酬业绩敏感性等（林胜利，2004；弗斯等，2007；郑志刚，2007）。消极的观点认为较高的薪酬可能对独立董事进行收买和拉拢，使其丧失独立性，成为花瓶，削弱股东赋予的监督效力（布里克等，2006；唐清泉，2006；罗进辉，2014）。现有研究还发现，出于声誉机制，明星独立董事抑制了企业的违规行为（郑路航，2011）。

③审计委员会的影响。现有文献也发现审计委员会在公司治理中有一定作用（郑新源和刘国常，2008；张勇和应超，2009）。

2. 监事会的特征

监事会的监督功能与独立董事相似，但监事会往往处于一个被忽视的地位，多数文献认为监事会与独立董事不同，其成员与公司内部岗位存在诸多关联，很难保持独立性，发挥监督治理功能（李东方和杨琴，2008；杜兴强和温日光，2007）。其余监事会研究路径和董事会相似，首先从监事会规模来看，一些研究认为，监事会规模过大，会造成违规更加严重（詹森，1993；刘立国和杜堂，2003），另一些研究则认为较大的监事会规模能够提高披露的信息质量，减少盈余管理等行为（弗斯等，2007；张逸杰等，2006）。此外，一些研究认为监事会成员持股能够更好地发挥监督治理功能，因此公司的违规行为也更少（黄政，2012；张振新等，2011）。监事会成员的财务、金融等专业背景也能更好的发挥监督治理功能，使企业的盈余信息含量更高（查尔斯和雅吉，2000；冉光圭，2015）。

3. 股权结构的特征

现有文献研究了股权集中度对企业违规行为的影响，詹森和迈克林

（1976）认为股权集中度与违规行为的关系可能呈现倒U形而非线性关系。大量文献发现较高的股权集中度容易产生壕沟效应，更可能增加违规行为（拉波尔塔等，1998；金姆和易，2006；高雷等，2006；周好文，2006）。也有文献持相反观点，提出股权结构集中可以强化大股东的控制力，提升信息披露质量，使企业发生财务舞弊的可能性更小，公司其他违规行为的概率更小，也会更少地占用公司资金（梁杰和王璇，2004；陈国进，2005；于晓强和刘善存，2012）。

另外，现有研究发现机构投资者在公司治理中能够发挥积极作用。机构投资者往往规模大、拥有专业背景和知识技能，也有动力积极参与公司经营决策，发挥监督功能，能够减少关联方的资金占用，减少公司财务重述行为等（翁洪波和吴世农，2007；姚瑶和黄曼行，2010）。部分研究发现投资者持股比例对公司的违规行为也有影响（陆瑶等，2012）。卜君和孙光国（2020）发现，投资者实地调对公司行为也有影响。

少数学者也研究了公司的各种持股方式对公司违规行为的影响，如金字塔结构、交叉持股和双重股份结构等。研究发现，控股集团的控制链条越长，大股东对小股东的掠夺越多，关联交易等现象也越严重（余明桂和夏新平，2004，武立东等，2007），控制权和所有权越分散，企业的违规概率越大（冯旭南和陈工孟，2011；何杰和王果，2013）。

4. 内部控制和公司战略

当内部控制存在缺陷时，难以规范公司的生产流程，难以监督公司的经营决策，也难以约束管理层的权力（孟庆斌等，2018）。有效的内部控制可以合理保证公司对法律法规的遵循，使上市公司违规概率更低（单华军，2010；聂琦和刘申涵，2019）。孟庆斌等（2018）还发现公司的战略在一定程度上影响公司的违规行为。

2.4.2 上市公司外部治理环境对违规行为的影响

1. 法律环境和市场化水平

我国市场化程度在各地区之间呈现显著的不平衡性（樊纲，2003；樊纲等，2011）。法律环境对公司治理的影响主要分为法律制度不同和法治水平不同。法律制度不同意味着违规成本不同，周建新（2013）考察不同会计制度对企业违规行为的影响，发现法律责任的扩大会让会计师在进行审计活动时更加地谨慎，使得外部审计的治理效应得到有效提高，从而有效减少上市公司违规行为。另外，增加法律执法水平会有效抑制企业违规，全怡和姚振晔（2015）发现法治水平越高，独立董事对企业违规的抑制作用越大。执法严格提高了违规的成本，导致公司违规行为降低（郭亚飞，2011）。曹春方等（2017）提供了司法独立性提升对公司违规行为影响的证据。

市场化水平反映了一个地区社会经济、法律以及政治体制的情况。众多文献发现市场化程度越高的地区，企业中介组织发育和法律执行效果更好，更利于社会中介组织和法律对公司管理层实施监督。如中小股东的利益可能更容易受到保护、管理层薪酬业绩敏感性更高、机构投资者作用更强（夏立军等，2005；辛清泉等，2009；伊志宏等，2011）。公司所在地区的市场化程度越低，中介组织和法律的约束作用有限，委托代理问题会更加严重。

2. 分析师跟踪

众多文献提出分析师跟踪是一种外部治理机制，能够缓解两权分离下的代理问题，提高公司信息披露质量（詹森和迈克林，1976；郑建明等，2015）。分析师能通过对信息的搜集、整理和传递，降低公司与投资者之间的信息不对称（李春涛等，2014）。国外研究者早就意识到分析师的这种监督作用，如会减少企业的盈余管理等（詹森和迈克林，1976）。部分研究发现分析师作为法律的替代机制，降低了企业的信息不透明程度，从而提高了股票信息含量，减少股票价格暴跌的风险（朱红军等，2007；潘越等，2011）。

李春涛等（2014）认为，分析师成为监管力量的原因主要有三方面。第一，分析师具有监管的能力，与一般的投资者相比，分析师往往具有较强的专业知识背景，如会计学和金融学等专业知识，能够对公司的财务报表进行专业的解读和挖掘。第二，分析师的跟踪是长期和持续的过程，会对公司经理人的举动和财务报表中的异常情况进行实时更新。这种实时、长期持续的监督可能比股东大会、董事会或外部审计等偶发监督更为有效。最后，分析师的受众广泛，比如包括债权人、投资者、潜在投资者、管理层以及监管者等，不易受到单一利益集团的操控。基于以上原因，詹森和迈克林（1976）认为分析师跟踪降低了委托代理成本。希利和帕利普（2001）认为分析师等评级机构有信息中介的作用，而在制造私有信息的过程中，能够发现管理层的不当行为。郑建明等（2015）发现分析师跟踪可以显著降低上市公司业绩预告违规的概率，分析师作为监管制度的替代，能发挥外部治理作用。

3. 媒体评价

媒体评价会对公司治理产生影响，媒体作为信息中介，能提高公司的信息

透明度。信息透明度的提高能帮助投资者了解公司，监督公司，抑制公司违规行为（胡丽丽，2017）。部分文献发现媒体对公司违规行为的监督治理作用（米勒，2006；周开国等，2016）。媒体的负面报导关乎到公司的声誉，也会让管理层在违规行为上有所顾忌（戴克和津加莱斯，2002）。

4. 审计师选择

现有研究普遍认为国际"四大"会计师事务所对公司的审计，质量高于其他事务所。"四大"会计师事务所规模更大，有较高的专业性和独立性，有更强的赔偿能力，所面临的诉讼风险也更高，因此出于自身声誉和品牌，也更愿意提高审计监督的质量。高质量的审计师能够提供更好的监督，是有公司治理的功能（白重恩等，2005；格拉瓦等，2014）。

2.4.3 高管特征与上市公司违规行为

1. 高管与董事的关系

许多文献都提出CEO的社会关系网络会增强CEO私利化倾向，凯蒂等（2015）发现高度中心化的CEO会进行更频繁的并购并造成价值损失，其动机是利用网络位置的权力和影响力来加强防御和获取私人利益。更多文献从降低董事会监督方面提供了CEO社会网络防御效应的直接或间接证据。弗拉卡西和泰特（2012）以董事现在的同事、过去的同事、校友关系、其他活动四类联接构建社会网络指数，发现CEO与董事间的社会网络会降低董事会的监督作用。黄和金姆（2009）将公司董事会中CEO的社会关系网络定义为包括具有相同的服役经历、毕业于同一所学校、出生地相同、首次就业于同类行业，共同有一个满足以上条件的同事，他们发现CEO的这些关系在董事会中可以提高其在薪酬契约中的话语权，获得较高薪酬的同时被替代的概率也降低。

违规方面，高管与审计师之间的校友关系可能使审计师降低独立性，帮助高管违规（关等，2015）。陆瑶和胡江燕（2016）发现CEO与董事的"老乡"关系会显著提高公司的违规倾向，董事会成员与CEO的"老乡"关系，弱化了董事会的监督职能，增加了违规稽查的难度。

2. 高管激励

现有文献主要从高管薪酬激励、股权激励和晋升激励等方面探究了高管激励对于公司行为的影响。

文献大多认为高管的薪酬存在黏性特征，即公司绩效好时高管薪水增长的幅度显著高于公司绩效不好时薪水下降的幅度，所以众多文献发现管理层有动机将财务报告做得更好，以达到其领取高薪酬的目的。因此公司更容易出现盈余管理、财务重述等行为（肖淑芳等，2013；埃芬迪等，2007）。高管为获取高薪酬也可能粉饰报表，缓解外部压力（迪舟等，1996；戈德曼和斯勒扎克，2006；迪舟等，2011）。

　　大量文献探讨了高管的股权激励对公司违规的影响。高管薪酬激励的实质是缓解代理冲突，激励高管努力工作的同时实现公司价值的最大化，研究认为最好的办法是在代理合同中让高管享受公司发展成果的同时也承担公司相应的各种风险，而引入股票期权到则是一种很好的方式（詹森，1976）。大量文献认为股权激励缓解高管与大股东利益冲突的同时，也会造成大股东与管理层合谋的问题，此时高管的收益与股票价格关系密切，而如实披露公司相关状况会导致其收益下降，这就导致了公司高管有动机发布虚假财务报告，导致财务欺诈等违规行为的发生。如苏冬蔚和林大庞（2010）发现股权激励对公司治理没有正向效应，相反，可能存在诸多缺陷，导致公司盈余管理增加。戈德曼和斯勒扎克（2006）认为基于股票的薪酬是一把双刃剑，它不仅会诱使管理者做出富有成效的努力，还会转移宝贵的公司资源来歪曲绩效。娜塔莎和西米（2006）分析了 CEO 的薪酬契约，发现 CEO 的期权组合和财务报告的误报倾向正相关，因为如实披露信息会使 CEO 的回报面临更大的损失风险。而谢恩等（2009）也发现，有期权的管理层会实施更多的欺诈，因为如实披露信息会使他们损失更多。也有少数文献有不同看法，他们认为，管理层的股权激励与公司违规的行为没有直接关系，也有可能减少公司违规的概率（阿姆斯特朗，2009；埃里克森等，2006）。

　　另外，高管晋升激励也会导致公司违规行为的增加。哈斯等人（2015）的研究证明，对于具有强大晋升激励机制的公司（以 CEO 薪酬差距为代表），参与违规的可能性更高。

2.4.4　小结

　　现有对上市公司违规影响因素的文献已相当丰富，但现有文献从管理层违规动机的研究来看，其主要总结了薪酬激励、股权激励和晋升激励三方面的动机，主要是为获取较高报酬、获得更高的股权收益和晋升激励。本节从激励不足引起的寻求替代性激励的角度，发现高管反薪酬黏性现象会导致企业违规概率更高，以此扩展和丰富了高管薪酬影响公司违规的文献。

2.5 理论基础

后文的理论分析和研究假设的提出基于代理理论、激励理论、最优契约理论、舞弊三角理论等，下文不试图从非常技术性的语言或者模型中解释其理论，只从这些理论传递的信息上作简要和通俗说明，并分析该理论在本书中的具体运用。

2.5.1 委托代理理论

委托代理理论来源于公司所有权和经营权的分离。在社会高速发展，社会分工专业化的背景下，企业规模不断扩大，内部组织更加复杂，对管理者提出了更高的专业要求和充沛的精力要求，企业所有者无暇兼顾，需要将公司的经营管理交给专业的管理人员，由此产生了所有权和经营权的分离。两权分离构成了委托代理关系，由此产生了代理问题。在现代企业中，所有权和经营权分离是最典型的特征。伯利和米恩斯（1932）较早关注到这一特征，他们发现企业的股权由众多小股东持有，企业的经理层和所有者之间不可避免存在利益冲突，小股东缺乏对管理层的监督，且互相搭便车的现象严重，因此，代理人可能成为公司的实际掌控者，也可能出于私利目的做出有害公司价值的行为。

20世纪60年代开始，大量学者从企业内部组织结构特征出发，深入探讨委托代理问题。讨论的核心问题为，如何设计有效契约，解决所有者和代理人的信息不对称和利益冲突，进而缓解代理问题（詹森和迈克林，1976；罗丝，1973；霍姆斯特姆，1979）。其中詹森和迈克林（1976）的研究形成了委托代理理论的基本框架，他们认为一系列的契约内置在企业中，委托人要求代理人按照契约要求行事，以委托人的利益最大化为目标。但委托人和代理人双方都有利益最大化的需求，因此不能保证代理人一直按照委托人的意愿进行公司决策。那么，委托人需要设计契约，给代理人合理的激励，与此同时，需要一定的成本对代理人进行监督，以约束代理人的私利行为。

委托代理理论基于两个条件：一是需要满足"经济人"假设，代理人和委托人均是以自身利益最大化为目标，存在利益冲突；二是委托人和代理人之间存在信息不对称，双方皆要承担一定的风险，双方都有部分私有信息，因此要承担不确定性的风险。委托人的风险在于，签约时不确定代理人提供的信息是否属实，在签约之后，委托人不会具体参与公司实际运营，无法完全准确获悉经理人的懈怠或利益侵占等私利行为，因此委托人的利益可能受损。信息不对称是代理问题产生的基本条件，双方的利益冲突是代理问题产生的根本原因，两者对于代理问题的产生都是不可或缺的。因此，对于解决代理问题的机制在于尽可能让代理人在实现委托人利益最大化的同时获得自身利益的最大化，最优契约理论由此产生，委托人能够通过一定的监督机制降低与代理人之间的信息不对称问题。

本书中，国有企业高管是企业的代理人，而在国有企业没有一个具体的自然人股东进行监督而导致"所有者缺位"的情况下，其高管可能成为公司的实际控制人，出现"内部控制人"现象。众多研究发现，国有企业"所有者缺位"和"内部控制人"现象普遍存在，由此国有企业的委托代理问题更加突出。由于所有者和经营者目标不同，基于经济人假设，国有企业的管理层的目标是实现自身价值的最大化，而不是公司价值的最大化，当出现薪酬管制时，薪酬激励不能满足经理人目标，其更可能做出损害公司价值的行为，而缺乏监督会导致其私利行为更加严重。混合所有制改革中非国有股东的引进让民营资本获得了国有企业一定的所有权，有动力对公司的高管进行监督，一定程度上实现了国有企业所有者归位，能够一定程度上抑制管理层的委托代理行为，因此，本书的理论分析以委托代理理论为基础。

2.5.2 最优契约理论

詹森和迈克林（1976）认为，解决委托代理问题主要通过两条路径：一是，对经理人的行为进行监督，以减少委托人和代理人之间的信息不对称问题；二是给予经理人合适的激励，使其以完成委托人利益最大化为目标。委托人可能花费大量成本却不一定有很好的效果，因此，激励路径可能是最优选择。

最优契约理论强调代理人效用最大化是以实现委托人利益最大化为基础。其本质是设立以股东价值最大化为目标的薪酬契约，经理人想获得高回报，就必须通过努力实现股东价值最大化，即最优契约能够保障经理人效用最大化和股东价值最大化两个目标的实现，缓解由于委托人和代理人目标不一致带来的代理问题。这种薪酬激励的设计被认为是解决委托代理问题的最好方式（詹森和迈克林，1990；詹森等，2004）。其中，被广泛应用的方式是经理人的薪酬要与企业绩效挂钩，将经理人的报酬最大程度与企业的绩效关联，能够最大程度保障经理人目标和股东目标的一致性。契约理论认为，在没有风险分担和共同投入的情况下，代理人从合同中获得的激励越低，工作努力动机就越不足（霍姆斯特姆，1979，1982；博尔顿和德瓦特里庞，2005）。在实证研究中产生了大量薪酬契约有效性、薪酬业绩敏感性的研究，本书在文献综述中已经对薪酬业绩敏感性的文献进行了梳理，不再赘述。

薪酬管制违背了最优契约理论的初衷，当"限薪令"下国有企业出现反薪酬黏性现象时，高管的薪酬不与公司业绩挂钩，且高管的努力不能得到合理的激励，薪酬契约没有保证高管在完成企业效益最大化目标时实现自身效益的最大化，相反，企业效益升高时高管的效益不升反降。反薪酬黏性现象背离了最优契约理论，所以可能导致更严重的代理问题，导致企业价值的下降。

2.5.3 激励理论

长期以来，人们对激励机制的研究不断，可以说，激励是人类进步的动力。激励理论的基础是人性假设，其中最重要的是"经济人假设"。亚当·斯密认为人的本性是懒惰的，因此需要进行合适的激励，进而提出了"经济人假设"。金钱可以让人们发挥其最大的能力，更加努力工作，以获得高报酬。经济学中的代理理论也以经济人假设为基础，认为经理人是私利的。随着社会发展，人们也提出了其他的看法，梅奥的"霍桑实验"表明，人是有情感和思想的，是复杂的社会成员，由此提出了"社会人假设"。"社会人假设"提出人除了满足经济需求，还有社会需求，其中最典型的为马斯洛需求理论。"社会人假设"让管理理论的核心转到"以人为本"，以满足人的需求作为重要的激励方式。从人的动机、需求和行为等多方面进行激励，充分调动其工作积极性，通过特定的方法与管理体系，将员工对组织及工作的承诺最大化。具体到现代公司治理中，激励理论的重要表现为契约理论，契约理论以"经济人假设"为基础，在所有权和经营权分离的情况下，通过契约设计来引导经理人努力工作，产生了最优契约理论。

具体到本书中，高管薪酬受到严格管制时，代理人从薪酬契约中获得的激励减少，会造成激励不足的问题。"经济人假设"认为高管是以私利为目的，当其利益得不到满足时，可能严重影响高管工作的积极性，进而引起委托代理问题。

2.5.4 舞弊三角理论

关于企业舞弊的原因，史蒂文·阿伯雷齐特（W.Steve Albrecht）提出了舞弊三角理论。他认为，企业舞弊是由动机/压力（incentive/pressure）、机会（opportunity）和自我合理化（rationalization）三要素共同作用产生，其中的每一项因素在舞弊行为发生的过程都必不可少。缺少了上述任何一项要素都不可能真正形成企业舞弊。

首先，舞弊的动机很大一部分来源于压力，如管理层经营业绩的压力，外部监管和媒体的压力，来自股东的压力等；也可能来源于利益驱使，如为了获得高薪酬或私利化收益。动机是导致舞弊行为的前提和基础。

其次，机会要素是指可进行企业舞弊而又能掩盖起来不被发现或能逃避惩罚的时机，主要有六种情况：缺乏发现企业舞弊行为的内部控制，无法判断工作的质量，缺乏惩罚措施，信息不对称，能力不足和审计制度不健全。机会是管理层进行违规操纵的空间。

最后，在有动机又获得机会后，真正形成企业舞弊还有最后一个要素——借口（自我合理化），即企业舞弊者必须找到某个理由，使企业舞弊行为与其本人的道德观念、行为准则相吻合，无论这一解释本身是否真正合理。企业舞弊者常用的理由有：这是公司欠我的，我只是暂时借用这笔资金、肯定会归还的，我的目的是善意的，用途是正当的等。

本书基于舞弊的三要素，对企业高管反薪酬黏性下的违规行为做出了全面的解释，当薪酬激励不足时，管理层出于利益驱使违规动机增强，此外，企业业绩升高而管理层薪酬降低，会让管理层违规的借口增强，可能出现"这是公司欠我的"等理由。

第3章

国企高管的反薪酬黏性现象

3.1 引言

高管薪酬激励机制是现代企业公司治理的核心内容（詹森和迈克林，1990；李维安等，2010），也是国有企业改革攻坚的重点和难点（王东京，2019）。由于国有企业中高管承担着"党政干部"和"企业家"双重角色（陈冬华等，2005），长期以来，高管薪酬受到严格控制。早在2009年政府就明确规定国企高管的最高工资不能超过员工年平均工资的5倍，但高管人员巧立名目给自己提高薪酬的办法很多（王东京，2019），部分国企高管拥有对薪酬的话语权，薪酬管制的作用有限。2008年，国泰君安和中国平安高管被曝出天价薪酬，引起了社会各界不满。在此背景下，2009年，政府出台了《关于进一步规范中央企业负责人薪酬管理的指导意见》，学者们称之为"第一次限薪令"；2014年，政府进一步出台了《中央管理企业负责人薪酬制度改革方案》，学者们称之为"第二次限薪令"。两次"限薪令"，对央企中行政任命的高管薪酬作出了明确规定，将高管的基本工资、绩效工资与中长期激励均限制在员工平均工资的若干倍以内。其他国有企业参照中央企业的办法执行，对国企高管薪酬进行了限制。学者们普遍发现，两次"限薪令"发挥了重要作用，能够约束高管的货币薪酬，并且缩小了企业内部的薪酬差距，维护了社会公平。

在"限薪令"下，部分企业出现过度执行政策情况，高管的薪酬呈现出了另一种不合理的变化，在企业经营业绩增加时高管的薪酬却因为限薪政策降低了，即部分企业高管出现业绩与薪酬不挂钩的现象，导致国企高管出现薪酬激励不足的问题。与薪酬黏性（企业业绩上升时高管薪酬的增加幅度大于企业绩效下降时高管薪酬的减少幅度）相反，此时高管薪酬对企业业绩上升不敏感，企业绩效上升时高管薪酬不增反降，本书称为"反薪酬黏性"现象。基于此，本书构建"反薪酬黏性"指标直观地度量"限薪令"下高管薪酬契约的不合理现象。具体为薪酬增长率除以业绩增长率为负值时（业绩增长率为正）我们定义为出现反薪酬黏性现象，其含义是业绩增长的情况下高管的薪酬不升反降。良好的薪酬契约是能够同时实现股东价值最大化目标和经理人报酬最大化目标的基础。其中，最有效的方式是将经理人的薪酬与公司业绩挂钩（詹森和迈克林，1976；詹森和迈克林，1990；杰克逊·洛佩兹和雷滕加，2008）。高管薪酬随业绩增长不增反降的反薪酬黏性现象降低了薪酬契约的有效性，导致其对高管的激励不足。契约理论认为，在没有风险分担和共同投入的情况下，代理人从合同中获得的激励越低，工作努力和激励就越不足（霍姆斯特姆，1979，1982；博尔顿和德瓦特里庞，2005）。高管的"天价薪酬"与"零薪酬"现象均是高管薪酬契约无效的表现。激励不足可能导致高管出于私利目的做出损害公司价值的行为，造成更为严重的委托代理问题（文炳洲和虞青松，2006）。当业绩升高对高管的薪酬没有作用时，国企高管工作的积极性很可能降低，会使高管出现推诿和懈怠等行为（杨青等，2018），影响高管决策的合理性和科学性，进而影响企业的未来经营绩效。

本章基于两次"限薪令"的背景，构建反薪酬黏性指标，检验"限薪令"是否导致了反薪酬黏性现象的增加，并讨论反薪酬黏性现象对特殊功能类和商业竞争类国企未来绩效的不同影响；此外，我们进一步分析了政府控制和管理层权力的异质性影响。实证检验发现：（1）"限薪令"会导致国有企业高管反薪酬黏性现象的增加，在经过内生性和多种稳健性测试后结论依然成立。（2）这种反薪酬黏性现象会致使商业竞争类国企未来绩效降低，但对特殊功能类国企的影响不显著。（3）在"限薪令"的执行程度上，这种反薪酬黏性现象更多体现在政府控制力强（金字塔层级短、高管有政治联系）和管理层权力弱的国有企业中。相比现有文献，本章的贡献如下。

第一，拓展和丰富了高管薪酬契约无效性的相关研究。现有研究主要从高管的超额薪酬（科尔等，1999；科克利等，2006；吴育辉和吴世农，2010；方军雄，2012；罗宏等，2014a，2014b；程新生等，2015）、运气薪酬（贝特朗和穆莱纳，2001；沈艺峰和李培功，2010；鄢伟波和邓晓兰，2018）、薪酬业绩敏感性较低（弗斯等，2006；杜兴强和王丽华，2007；辛清泉和谭伟强，2009）和存在薪酬黏性（加维和米尔本，2006；约翰等，2008；方军雄，2009，2011；步丹璐和文彩虹，2013；雷宇和郭剑花，2017）等方面度量高管薪酬契约无效现象，均从过度激励引起高管薪酬契约无效的角度进行。但在国有企业的薪酬管制背景下，亦出现企业业绩增加而薪酬反降的激励不足现象。基于此，本书提出"限薪令"背景下的反薪酬黏性现象，并构建相应指标进行实证检验，从高管激励不足的角度拓展了薪酬契约无效现象的相关研究。

第二，拓展和丰富了国有企业分类治理的相关研究。国企分类改革是国有企业改革的重点。但国企分类改革的研究主要以理论研究和现状描述为主（黄群慧和余菁，2013；杨瑞龙，2013；高明华等，2014；魏明海等，2017），少数实证研究，如徐伟等（2018）从分类治理视角出发，考察了控股方治理机制与企业创新红利之间的关系。杨青等（2018）发现"限薪令"对竞争和特殊功能类央企有不同的冲击效果。本章发现高管反薪酬黏性现象会导致商业竞争类国企的未来绩效降低，但对特殊功能类国企的影响则不显著，拓展和丰富了国企分类治理的文献。

第三，拓展和丰富了薪酬管制的相关研究。薪酬管制的文献虽然已经比较丰富（陈冬华等，2005；方军雄，2009；陈信元等，2009；徐细雄和刘星，2013），但多数文献用高管内部薪酬差距衡量薪酬管制，指标单一。而关于"限薪令"的文献主要探讨"限薪令"是否达到限薪效果（沈艺峰和李培功，2010；田妮和张宗益，2015；杨青等，2018）。本章提出基于"限薪令"出现的国有企业反薪酬黏性现象，并探究其经济后果，从而丰富了薪酬管制的相关文献。

本章其余部分安排如下，第二部分首先介绍薪酬管制的背景，其次对"限薪令"导致的国企高管薪酬的"反黏性"现象进行理论分析并提出研究假设，并探讨对特殊功能类国企和商业竞争类国企未来绩效的影响；第三部分为研究设计，包括反薪酬黏性数据的具体测算和描述、模型的设计、主要变量的描述性统计和分组分析等；第四部分是实证结果和分析，包括对第二部分中假设的检验结果和相关的稳健性分析；第五部分是对国企高管的反薪酬黏性现象做进一步分析；最后一部分为本章的小结。

3.2　制度背景和理论分析

3.2.1　薪酬管制背景

我国国有企业高管的薪酬长期受到管制。一直以来，国家对国企高管的工资都规定在岗员工平均工资的若干倍以内，在 2002 年，是 12 倍，2005 年上调为 14 倍。但是，高管人员巧立名目给自己提高薪酬的办法很多（王东京，2019），部分国企拥有薪酬管理的话语权，造成国家薪酬管制的作用有限。金融危机下，国有企业高管天价薪酬的现象不断曝光，如 2007 年中国平安高管马明哲薪酬 6000 万，2009 年中国平安常务副总经理梁家驹薪酬 2859 万等引起社会公众强烈不满。

为了控制高管"天价"薪酬等收入分配不公现象，2009 年，人力资源和社会保障部等六部门联合下发《关于进一步规范中央企业负责人薪酬管理的指导意见》（本书称为"第一次限薪令"），对国有企业高管的薪酬进行了限制，各地方国企也参照执行。2009 年披露的年报数据中，部分国有企业仍然出现千万薪酬的同时，以马明哲为代表的 448 位上市公司董事长响应"限薪令"的号召，主动放弃了薪酬，是中国公司治理中值得研究的"零薪酬"事件。部分学者认为，"零薪酬"现象可能比"天价薪酬"更为可怕，从长远而言，这种举动其实更不利于公司的治理，股东会担心高管通过损害公司利益的败德行为以弥补个人损失。

现有研究发现 2009 年"限薪令"的执行效果并不理想，如沈艺峰和李培功（2010）发现 2009 年限薪之后国企高管的薪酬水平不降反升。近年来，一些央企的负责人既拿高薪酬又有着很高的行政级别，引起社会不满。中共中央政治局 2014 审议通过了《中央管理企业负责人薪酬制度改革方案》（本书称为"第二次限薪令"）于 2015 年年初开始实施。除央企外，其他国企也参照执行。在国家大力推行改革的背景下，国企对于限薪政策的执行效果明显，第二次限薪令确实限制了国有企业高管薪酬（杨青等，2018）。

两次限薪令以调节内部薪酬差距、促进收入公平分配、完善薪酬激励与约束机制为目标，对央企中行政任命的高管薪酬作出了明确规定，将高管的基本工资、绩效工资与中长期激励均限制在员工平均工资的若干倍以内。其他国有企业参照中央企业的办法执行。从效果来看，"限薪令"限制了高管的超额薪酬，维护了收入公平。

3.2.2 "限薪令"与国有企业高管反薪酬黏性现象

部分国有企业在执行限薪规定时，一味减少其高管薪酬以达到响应政策的目的，会导致高管薪酬与企业业绩完全无关，如某些企业高管直接放弃薪酬等行为，会使高管的激励不足，进而扭曲薪酬契约的有效性。在限薪政策下，可能会出现企业业绩上升，而高管薪酬不增反降的薪酬契约无效现象。此现象与薪酬黏性相反，薪酬黏性是指企业业绩上升时高管薪酬对企业业绩的敏感性大于企业业绩下降时高管薪酬对企业业绩的敏感性。而此时高管薪酬与业绩相背离，业绩上升时，薪酬下降，薪酬业绩敏感性为负，我们将此现象定义为反薪酬黏性现象。

相关研究文献表明，第一次限薪令的限薪效果并不明显，第二次限薪令的限薪效果显著。如沈艺峰和李培功（2010）发现，2009年限薪之后国企高管的薪酬水平不降反升，高管运气薪酬依然存在；杨青等（2018）则发现2014年"限薪令"降低了国企高管的实际薪酬和企业内部薪酬差距。由此我们提出假设H3-1。

假设H3-1：在其他条件不变时，2014年"限薪令"会显著提高国企高管反薪酬黏性现象出现的概率。

3.2.3 高管反薪酬黏性与企业未来绩效

一般认为，良好的薪酬契约有两层含义，其一，能够满足经理人的目标，其二，在经理人能达到报酬最大化的同时实现股东价值的最大化，即能够同时实现股东的目标和经理人的目标。其中，最有效的方式是经理人的薪酬与公司业绩挂钩（詹森和迈克林，1976；利昂·吴和齐默尔曼，2006；詹森和迈克林，1990）。在我国，随着市场化改革的逐步推进，上市公司高管薪酬契约具有一定程度的有效性（李维安和张国萍，2005；辛清泉和谭伟强，2009；方军雄，2009）。

部分国有企业在执行限薪规定时，采取"一刀切"的作法，简单降低高管新酬，会导致国企高管的薪酬不与业绩挂钩，甚至出现企业业绩上升时薪酬不增反降的反薪酬黏性现象。反薪酬黏性现象扭曲了薪酬契约的有效性，契约理论认为，在没有风险分担和共同投入的情况下，代理人从合同中获得的激励越低，工作努力和激励就越不足（霍姆斯特姆，1979，1982；博尔顿和德瓦特里庞，2005）。高管作为企业重要的人才资源，是企业的一种人力资本，对企业的经营管理起着至关重要的作用。首先，从顶层设计上，高管会影响企业的发展目标和方向；其次，高管行为会影响企业的组织管理效率，并进一步影响到企业资源配置的效率；最后，高管对人才的引进和培育有重要影响，也会影响到企业技术的更新换代和创新研发的投入等公司各方面的重要决策（鄢伟波和邓晓兰，2018）。因此，当业绩升高对高管的薪酬没有影响时，国企高管工作的积极性很可能降低，会使高管出现消极与怠职等行为（杨青等，2018），影响到高管决策的合理性和科学性，进而影响企业的未来经营绩效。

对于特殊功能类国企，其目标是弥补市场缺陷，保障民生和社会效益、提供公共产品和服务，或属于基础性产业和支柱性产业，这些行业在国民经济中发挥主导作用。在这类国有企业中，高管人员大部分是行政任命，企业目标更多的是发挥国有企业的特殊功能，为社会提供服务。特殊地位也能够保障企业获取稳定的利润，高管发挥的作用相对有限，由于薪酬激励不足带来的懈怠行为的影响有限（杨青等，2018）。对于商业竞争类国企，其功能定位是自主经营、自负盈亏，追求盈利，实现国有资产保值增值。企业价值很大程度上取决于经理人的才能与努力水平，因此高管的作用更大，反薪酬黏性现象会导致高管激励无效，影响其工作努力程度和积极性，进而影响企业未来的绩效水平。由此我们提出假设H3-2。

假设H3-2：在其他条件不变时，高管反薪酬黏性现象会显著降低商业竞争类国有企业未来绩效，但对特殊功能类国有企业的影响则不显著。

3.3　实证数据与模型

3.3.1　样本与数据

本书旨在考察"限薪令"是否会引起国企高管反薪酬黏性现象的增加，所用到的数据来自国泰安数据库，包括上市公司高管的个人特征数据，上市公司财务数据等。

1. 反薪酬黏性指标的测算和描述

前文指出，在"限薪令"背景下，国有企业出现了业绩上升时薪酬降低的不合理现象。如何度量此现象？本书从步丹璐和文彩虹（2013）、雷宇和郭剑花（2017）计算薪酬黏性的办法中得到启发，用业绩的增长率除以薪酬增长率作为薪酬-业绩敏感性的指标，并将计算值小于0视作出现反薪酬黏性现象，取值为1；其余视作未出现反薪酬黏性现象，取值为0。具体计算步骤如下：

第一，我们计算高管薪酬相比上年的增长率，即 $Pay\_ratio = \dfrac{Pay_t - Pay_{t-1}}{Pay_{t-1}}$；

第二，我们计算公司净利润相比上年的增长率，$NI\_ratio = \dfrac{NI_t - NI_{t-1}}{NI_{t-1}}$，其中，剔除本年或上年净利润为负的情况；

第三，用薪酬增长率/净利润增长率，$Pay\_ratio/NI\_ratio = \left(\dfrac{Pay_t - Pay_{t-1}}{Pay_{t-1}} \right) / \left(\dfrac{NI_t - NI_{t-1}}{NI_{t-1}} \right)$，我们相应剔除分母为负可能导致的负负得正现象，即剔除净利润增长率小于0的情况。得到每年高管平均薪酬变动与公司净利润变动的敏感性。

以上得出的计算值为高管薪酬与公司业绩的敏感性值。当此值等于1时，表示高管薪酬的增长率与净利润增长率同比值变动；当此值小于1时，表示高管薪酬的增加比例小于企业净利润的增加比例；当此值大于1时，高管薪酬的增加幅度大于公司业绩的增加幅度。而当此值小于0时，表示公司净利润的增长率大于0时公司高管薪酬的增长率却小于0，是一种薪酬与业绩背离的不合理现象。高管薪酬增加的幅度与业绩增加的幅度同向变动为正常现象，但具体最佳的变动比例尚且不得而知，我们将薪酬-业绩敏感性值小于0定义为不合理的反薪酬黏性现象。

高管的薪酬包括货币薪酬和长期激励两部分，现有文献发现我国员工持股计划还不成熟，高管持股为很低比例，高管未持股的现象较多；而且现有公开的数据也较难区分出高管的股票来自股权激励还是自己购买（方军雄，2009）。因此，文献中基本不考虑股权激励的作用，参照现有文献（辛清泉等，2007；方军雄，2009；陈信元等，2009；陈霞等，2017），本书用上市公司"薪酬最高的前3名高管的薪酬总额"衡量高管薪酬，也提供了董事长薪酬总额和CEO薪酬总额进行参照对比。

我们分别用国有企业中董事长薪酬总额、CEO薪酬总额和前三名高管薪酬总额作为高管薪酬，按照以上步骤计算出薪酬-业绩敏感性值，并统计其各自在年度上的均值，如图3-1所示。需要特别说明的是，为排除高管变更带来的薪酬影响，董事长和CEO的薪酬我们按照职位的薪酬计算，如果公司在年报中出现了两个董事长或者CEO的薪酬，属于上一任和现任的，我们将其加总处理。图 3-1 反映了 2007—2019 年国有企业高管薪酬-业绩敏感性均值在年度上的变化。从图中可以看出，大部分均值在 1 以上，表示国有企业高管薪酬的增加幅度整体上大于业绩的增加幅度。在 2009 年和 2015 年有陡然的下降，尤其在 2015 年，董事长薪酬-业绩敏感性的均值为负值，CEO 和高管前三薪酬-业绩敏感性均值也有大幅度的下降。数据的变化与现实情况相一致，2009 年的限薪令有一定限制高管薪酬的效果，但 2015 年的效果更加明显，说明我们的指标能刻画出现实情况，具有可行性。

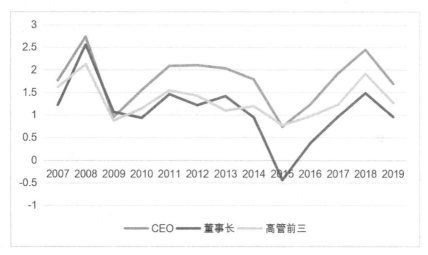

图 3-1 国有企业高管薪酬-业绩敏感性均值在年度上的变化

数据来源：原始数据来源于国泰安数据库，图中结果由作者整理得出。

我们将第三步的计算值为负，企业业绩增加而高管薪酬下降的现象，定义为出现反薪酬黏性现象。我们整理了 2007—2019 年各个年度出现反薪酬黏性现象的国有企业比例，并将结果汇总在图 3-2 中。我们分别整理了董事长、CEO 和高管前三出现反薪酬黏性现象的国有企业占所有国企的比例。从图 3-2 中可以看出，2009 年出现了小的峰值，证明第一次"限薪令"有一定的效果，但是效果有限，在 2009 年之后效果则不明显。而整体的峰值出现在 2015 年，初步证明 2014 年"限薪令"的效果显著。此时有 48% 的国有企业董事长、36% 的 CEO 和 33% 的高管前三出现反薪酬黏性现象。数据初步表明，国有企业董事长是重点限薪对象，各年度数据初步证明了我们的研究假设，"限薪令"的执行导致了国有企业高管反薪酬黏性现象的增加，特别是在 2014 年"限薪令"之后。

图3-2　国企中各年度出现反黏性现象的比例

数据来源：原始数据来源于国泰安数据库，图中结果由作者整理得出。

2. 研究样本的选择

第一次"限薪令"在2009年，第二次在2014年，一共有两次，现有研究普遍认为，第二次效果较好（杨青等，2018），第一次"限薪令"的效果比较有限（陈信元等，2009；沈艺峰和李培功，2010）。并且我们上文的统计和描述性证据也发现，第二次"限薪令"的效果更好，为了更加明确地反映本书的研究目标，本书选取2014年"限薪令"作为研究对象，为保证DID政策时效和时间的对称性，参照杨青等（2018）的研究，本书选用2010—2017年数据作为主回归样本，并在稳健性上提供2005—2019年的大样本检测。

综上，我们选择2010—2017年A股国有上市公司为初选样本，为保证数据结果的准确性，我们按照数据处理惯例进行以下处理，首先，我们剔除金融行业上市公司；其次，我们将财务数据缺失的公司进行删除；最后，我们剔除被ST或者PT的公司。为剔除极端值的影响，我们对连续变量进行了上下1%的缩尾处理。

3.3.2　模型与变量

我们构建模型（3-1）和模型（3-2）检验本书的假设。模型（3-1）检验"限薪令"是否增加了反薪酬黏性现象，参照杨青等（2018）的研究，我们构建模型（3-1）：

$$Rev\_stick = \alpha_0 + \alpha_1 Post*Treat + \alpha_i \sum Control_i + \varepsilon_1, \qquad (3\text{-}1)$$

其中，被解释变量 Rev_stick 为高管是否出现反薪酬黏性现象。参照现有大量文献的做法，我们用国有企业中薪酬最高的前三名高级管理人员作为高管的代理变量（陈信元等，2009；陈霞等，2017），按照上文步骤计算高管前三的薪酬-业绩敏感性值，当薪酬-业绩敏感性值小于 0 时被解释变量的数值取 1，其余情况取 0。按此定义，我们分别计算了董事长、总经理、董监高前三和董事前三是否出现反薪酬黏性现象，并作为稳健性检验。

对于控制组和实验组的选择，由于 2014 年"限薪令"针对国企，对民营企业高管薪酬影响不大，因此参照杨青等（2108）的研究，我们首先定义分组虚拟变量（$Treat$），将国有企业视作处理组，取值为 1，民营企业视为控制组，取值为 0。此外，根据"限薪令"执行的时间点，为保证政策实行的对称性，将 2014 年之前 2010—2013 年视为政策出台前（Post=0）；2014 年之后 2015—2017 年视为政策出台后（Post=1）。我们在稳健性上提供 2007—2019 大样本区间的检验。控制变量中，参照杨青等（2018），我们控制了对高管薪酬有影响的因素。公司特征方面，包括企业经营绩效，以净利润除以总资产衡量；公司规模，用为上市公司总资产取对数衡量、资产负债率，为负债除以总资产。公司治理方面，参照现有文献，我们选取了股权集中度（第一大股东持股比例），以及股权制衡度、独立董事比例、高管持股比例、公司成长性、公司年龄等进行控制。由于控制了公司固定效应与年份固定效应，解释变量中不再单独加入实验组与政策冲击变量，只加入两者的交互项，且交互项系数即为双重差分法所关心的系数。被解释变量为二值变量，所以采用 Logit 回归。为避免机械相关性，所有连续性控制变量均滞后一期。所有变量定义见表 3-1。

模型（3-2）检验反薪酬黏性现象对公司未来经营绩效的影响。参照唐松和孙铮（2014），我们构建模型（3-2）：

$$Performance_{t+1,\ t+3} = \beta_0 + \beta_1 Rev\_stick_t + \beta_i \sum Control_i + \varepsilon_2, \qquad (3\text{-}1)$$

其中，被解释变量 $Performance_{t+1,\ t+3}$ 表示公司未来 1 年、2 年或 3 年之内平均的经营绩效。我们用总资产报酬率和净资产收益率来表示。解释变量为企业是否出现高管薪酬反黏性现象，当企业高管前三薪酬-业绩敏感性值为负时取 1，否则取 0，具体定义同上文。控制变量与模型（3-1）中相同。本章具体变量定义见表 3-1 所列。

表 3-1　变量及定义

变量	定义
反薪酬黏性	高管是否出现反薪酬黏性现象,高管前三薪酬-业绩敏感性值小于0取1,否则为0
分组虚拟变量	是否为国有企业,国有企业为1,民营企业为0
政策冲击	政策时间点,2010—2013年为0,2015—2017年为1
公司资产收益率	公司资产收益率,为净利润除以总资产
净资产收益率	净资产收益率,为净利润/所有者权益
公司规模	公司规模,为上市公司总资产取对数
资产负债率	公司负债率,为负债除以总资产
股权集中度	公司第一大股东持股比例
股权制衡度	股权制衡度,公司第二大到第十大股东持股比例
独董规模	独立董事比例,为独立董事人数除以公司董事总人数
管理层持股	管理层持股比例,为管理层持股数量除以总股数
公司成长性	公司成长性,企业年度主营业务收入的增长率
公司年龄	公司年龄,为样本所在年份减去企业成立年份

我们分别用上述模型对商业竞争类国企和特殊功能类国企进行回归,根据相关文件精神,按企业所处行业、主营业务和核心业务范围,并结合证监会2012年修订的《上市公司行业分类指引》,我们将国企分为特殊功能类和商业竞争类。具体而言,参照岳希明等(2010)、蔡贵龙等(2018b)的研究,本书将行业分类中烟草制品业、石油和天然气开采业、石油加工炼焦及核燃料加工业、电力、燃气及水的生产和供应、铁路、水上及航空运输业、邮政和电信及其他信息传输服务业视为特殊功能行业。其余为商业竞争类行业。本书的财务数据和相关公司治理数据均来自国泰安数据库。

3.3.3　描述性统计与分组统计结果

样本所用变量的描述性统计见表3-2所列,主要汇报了各变量的均值、标准差、中位数、最小值和最大值。其中,反薪酬黏性指标的均值为0.36,表示样本中有36%的企业有高管薪酬反黏性现象,表明此现象的发生较为普遍。方差上,除第一大股东持股比例和股权制衡变量外,其余变量的方差都较小,表明数据整体波动不大。

　　除主要变量的描述性统计外，我们还对比了国企与民企在2014年"限薪令"政策之前和之后出现的高管反薪酬黏性现象。结果见表3-3所列，国有企业中高管出现反薪酬黏性现象在"限薪令"之前（政策冲击=0）的均值为0.299，明显低于"限薪令"之后（政策冲击=1）的均值0.432，T检验有显著差异。而在民企中，"限薪令"之前和之后的数据则没有显著差异。以上结果初步验证了本书假设H3-1。

表3-2　描述性统计表

变量	观测值	平均值	标准差	中位数	最小值	最大值
反薪酬黏性	4249	0.360	0.480	0	0	1
总资产收益率	4249	0.0500	0.0400	0.0400	0	0.210
净资产收益率	4249	0.11	0.07	0.10	−0.62	0.64
公司规模	4249	22.15	1.300	21.98	18.96	26.60
资产负债率	4249	0.440	0.210	0.440	0.0500	1.370
股权集中度	4249	36.71	14.84	34.96	8.760	74.98
股权制衡度	4249	21.81	13.04	20.01	1.510	55.93
独董规模	4249	0.370	0.0600	0.330	0.0900	0.570
管理层持股	4249	0.110	0.190	0	0	0.690
公司成长性	4249	0.280	0.480	0.140	−0.440	2.750
公司年龄	4249	15.25	5.460	15	2	30

表3-3　均值分组统计

企业分类	变量	Post=0	Post=1	T-value
国有企业	观测值	1056	842	—
	反薪酬黏性	0.299	0.431	−6.008***
民营企业	观测值	1045	1306	—
	反薪酬黏性	0.354	0.372	−1.28

　　注：*p<0.1，**p<0.05，***p<0.01。

3.4 实证结果与分析

3.4.1 限薪令与高管反薪酬黏性现象与稳健性检验

1. 主要回归结果

我们将样本数据用模型（3-1）进行回归，回归中控制了公司和年度的固定效应，结果见表3-4中第（1）、（2）列所列，无论是否增加控制变量，交乘项的系数均在1%的显著性水平上为正。说明2014年"限薪令"增加了国有企业高管出现反薪酬黏性现象的概率。相比于民营企业，国有企业在"限薪令"之后反薪酬黏性现象出现的概率增加了45.1%，实证结果支持假设H3-1。

控制变量方面，公司规模越大，管理层持股比例越高，反薪酬黏性出现概率越大；股权集中度越高，公司成长性越好，高管反薪酬黏性现象越不容易出现，其余变量未表现出明显的显著性。

表3-4 "限薪令"与反薪酬黏性现象

变量	（1）	（2）
	反薪酬黏性	反薪酬黏性
D*T交互项	0.402***	0.451***
	（3.02）	（3.20）
总资产收益率	—	−1.353
	—	（−0.89）
公司规模	—	0.350***
	—	（3.40）
资产负债率	—	−0.424
	—	（−1.18）
股权集中度	—	−0.015**
	—	（−2.03）
股权制衡度	—	−0.001
	—	（−0.26）
独董规模	—	−0.305
	—	（−0.30）

变量	(1)	(2)
	反薪酬黏性	反薪酬黏性
管理层持股	—	1.196**
	—	(1.97)
公司成长性	—	−0.172**
	—	(−2.10)
公司年龄	—	0.188
	—	(0.79)
观测值	4249	4249
拟合优度	0.017	0.025
公司固定效应	是	是
年度固定效应	是	是

注：括号内为 Z 值（logit 回归）。*p<0.1，**p<0.05，***p<0.01。

2. 平行趋势检验

由于使用双重差分法进行政策效应评估需要满足平行性趋势假定。因此，我们对本章的数据进行平行性趋势的检验，参照罗宏和陈小运（2020）的研究，我们用政策实行前后各三期的数据进行平行性趋势检验，我们定义政策实施之前的三年为 D3*T 交乘项、D2*T 交乘项、D1*T 交乘项，之后三年为 P1*T 交乘项、P2*T 交乘项、P3*T 交乘项。具体检验结果见表 3-5 所列。从结果可以看出，政策实施之前的三年 D3*T 交乘项、D2*T 交乘项、D1*T 交乘项的回归系数都不显著，说明在政策实施之前，反薪酬黏性现象在国企、民企中不存在显著差异；而政策实施之后的三年 P3*T 交乘项、P2*T 交乘项、P1*T 交乘项的系数皆为正向显著，说明相比于民营企业，政策的实施确实提高了国有企业反薪酬黏性现象出现的概率。研究样本数据符合平行性趋势假定，可以进行 DID 分析。

变量	(1)
	Rev_stick
D3*T 交乘项	0.200
	(0.80)
D2*T 交乘项	−0.055
	(−0.20)
D1*T 交乘项	0.040
	(0.15)
P1*T 交乘项	0.442*
	(1.71)
P2*T 交乘项	0.620**
	(2.46)
P3*T 交乘项	0.500**
	(1.97)
总资产收益率	−3.711***
	(−2.58)
公司规模	0.222**
	(2.00)
资产负债率	−1.103**
	(−2.56)
股权集中度	−0.007
	(−0.90)
股权制衡度	−0.007
	(−1.21)
独董规模	1.319
	(1.25)
管理层持股	0.715
	(1.23)
公司成长性	−0.195**
	(−2.16)

续表

变量	（1）
	Rev_stick
公司年龄	0.191
	（0.90）
观测值	4150
拟合优度	0.025
公司固定效应	是
年度固定效应	是

注：括号内为 Z 值（logit 回归）。*p<0.1，**p<0.05，***p<0.01。

3. 稳健性检验

1）内生性测试：考虑到潜在的内生性问题，我们用 PSM-DID 模型和安慰剂检验再次验证本章的假设。

①基于倾向得分匹配法的双重差分（PSM-DID）。由于国企和民企本身存在较大差异，为了进一步控制选择性偏差，保证结果的稳健性，参照杨青等（2018）的研究，本书采用倾向得分匹配法（PSM）为每家国有企业选取了一家属于同行业且倾向得分最接近的民营企业作为处理组。具体步骤如下：首先，计算倾向得分。将模型（3-1）中的控制变量如经营绩效、公司规模、资产负债率、第一大股东持股比例、股权制衡度、独立董事比例、高管持股比例、公司成长性、公司年龄、行业和年度等相关变量加入到 Logit 回归中，以保证所有影响反薪酬黏性的特征因子在处理组和控制组无显著差异，并利用 Logit 模型计算倾向得分。其次，采用一对一无放回最邻近配对法对样本进行匹配，最终得到符合的匹配样本。

表 3-6 报告了 PSM 平衡性检验的结果。结果显示，经过匹配后，处理组和对照组的标准偏差大幅降低，且标准偏差的绝对值全部在 10% 以内。从 T 检验结果来看，匹配前处理组和对照组的差异显著，匹配后对照组和处理组的特征变量均值不存在显著差异，P 值均大于 10%，较好地满足了平衡性假设。随后，根据倾向得分匹配的结果，本书对模型（3-1）重新进行回归检验。表 3-7 中第（1）列列出了基于倾向得分匹配的双重差分的回归结果。结果显示，Treat_Post 的系数在 5% 的水平上显著为正，与主回归一致，实证结果依然稳健。

②安慰剂检验。影响反薪酬黏性变动的因素众多，本书的研究结果也可能是其他政策或者随机性因素所致，因此，为了缓解由此产生的内生性问题，本书采用安慰剂检验方法。具体而言，将2014年"限薪令"政策颁布的时间向前推三年，重新进行回归。表3-7中第（2）列列出了安慰剂检验的回归结果，从表中可以看出，D*T交乘项（2011）的系数并不显著，表明本书的研究结论确由2014年颁布"限薪令"政策而非其他因素所致，原结论稳健。

表3-6 PSM匹配变量的平衡性检验

变量	匹配	均值		标准偏差	标准偏差降低	T检验	
		处理组	对照组	（%）	幅度（%）	T值	P值
总资产收益率	匹配前	0.052	0.065	−31.8	93.5	−9.68	0.000
	匹配后	0.059	0.058	2.1		0.36	0.723
公司规模	匹配前	22.810	21.990	67.1	89.2	20.85	0.000
	匹配后	22.360	22.450	−7.3		−1.35	0.176
资产负债率	匹配前	0.510	0.399	56.9	98.0	17.37	0.000
	匹配后	0.478	0.480	−1.1		−0.21	0.836
股权集中度	匹配前	39.630	32.650	49.0	93.9	15.07	0.000
	匹配后	36.030	36.460	−3.0		−0.52	0.603
股权制衡度	匹配前	17.770	25.460	−63.4	97.9	−19.47	0.000
	匹配后	19.480	19.330	1.3		0.24	0.810
独董规模	匹配前	0.372	0.375	−5.2	−5.4	−1.60	0.110
	匹配后	0.376	0.373	5.5		0.96	0.337
管理层持股	匹配前	0.004	0.188	−122.6	98.5	−35.52	0.000
	匹配后	0.009	0.007	1.8		1.51	0.130
公司成长性	匹配前	0.217	0.314	−22.7	98.2	−6.88	0.000
	匹配后	0.256	0.254	0.4		0.07	0.942
公司年龄	匹配前	17.440	15.120	44.0	90.9	13.40	0.000
	匹配后	17.520	17.300	4.0		0.74	0.459

表 3-7　内生性测试——倾向得分匹配+安慰剂检验

变量	PSM+DID	安慰剂检验
	（1）	（2）
	反薪酬黏性	反薪酬黏性
D*T 交互项	0.584**	—
	(2.08)	—
D*T 交乘项（2011）	—	0.113
	—	(0.58)
总资产收益率	−8.613***	−4.907***
	(−2.92)	(−3.48)
公司规模	0.536**	0.015
	(2.27)	(0.15)
资产负债率	−2.365**	−0.737*
	(−2.54)	(−1.88)
股权集中度	0.003	−0.001
	(0.21)	(−0.18)
股权制衡度	−0.015	−0.006
	(−1.18)	(−1.06)
独董规模	0.731	1.109
	(0.35)	(1.11)
管理层持股	9.541	0.696
	(1.54)	(1.34)
公司成长性	−0.368*	−0.143*
	(−1.66)	(−1.82)
公司年龄	1.278	0.248
	(1.17)	(1.24)
观测值	1046	5117
拟合优度	0.069	0.019
公司固定效应	是	是
年度固定效应	是	是

注：括号内为 Z 值（logit 回归）。*p<0.1，**p<0.05，***p<0.01。

2）其他稳健性检验：

①中央企业。2014年"限薪令"直接对中央企业负责人薪酬进行限制，因此我们将中央企业视为处理组，取值为1，相对应的民企视为控制组，取值为0。我们将交互项中央企业_政策冲击带入模型（1）重新进行回归检验，表3-8中第（1）列显示了中央企业的回归结果，结果显示，中央企业_政策冲击的系数在1%的显著性水平上为正，说明"限薪令"导致了中央企业高管薪酬的反黏性现象，结果稳健。

②样本区间的调整。我们首先将样本区间调整为更长的区间，总样本区间从2001年开始，到2019年结束。我们以限薪政策2014年为分界点，2014年之前的年份取值为0，2014年之后的年份取值为1，回归结果如表3-8中第（2）列所示，D*T交互项2019的系数在5%的显著性水平上为正，结果稳健。其次，我们加入2014年当年数据到样本中，2014年颁布"限薪令"，当年也可能对企业起到一定作用，我们将2014年及其之后的年份设定为1，之前为0，重新进行回归检验，回归结果见表3-8中第（3）列所列，D*T交互项2014的系数在1%水平上显著为正，结果稳健。

③反黏性替代度量，我们上文将薪酬增长率除以业绩增长率为负值时定义为反薪酬黏性现象。此部分我们将净利润增长的绝对值>0，且高管前三薪酬增长绝对值小于0定义为反薪酬黏性现象。回归结果见表3-8中第（4）列所列，结果稳健。

④其他高管替代性度量。参照现有文献，我们分别用董事长、CEO、董监高前三和董事前三的数据度量高管是否出现反薪酬黏性现象，具体定义方式与高管前三相同，我们进行稳健性回归。具体的回归结果见表3-9所列，D*T交互项的系数均显著为正，回归结果稳健。

表3-8　其他稳健性检验一

变量	中央企业	改变样本区间（2005—2019年）	加入2014年数据	反黏性替代度量（绝对值计算）
	（1）	（2）	（3）	（4）
	反薪酬黏性	反薪酬黏性	反薪酬黏性	反薪酬黏性
中央企业_政策冲击	0.485***	—	—	—
	(2.62)	—	—	—
D*T交互项2019	—	0.240**	—	—
	—	(2.18)	—	—

续表

变量	中央企业	改变样本区间（2005—2019年）	加入2014年数据	反黏性替代度量（绝对值计算）
D*T交互项2014	—	—	0.383***	—
			(3.02)	—
D*T交互项	—	—	—	0.426***
				(3.46)
总资产收益率	−2.029	−1.480	−1.543	−2.039***
	(−1.21)	(−1.46)	(−1.09)	(−2.87)
公司规模	0.296***	0.086	0.322***	0.295***
	(2.72)	(1.45)	(3.31)	(3.70)
资产负债率	−0.363	0.172	−0.636*	−0.293
	(−0.90)	(0.74)	(−1.84)	(−1.04)
股权集中度	−0.008	−0.003	−0.012*	−0.013**
	(−1.04)	(−0.75)	(−1.77)	(−2.20)
股权制衡度	0.000	0.006	−0.002	−0.006
	(0.04)	(1.61)	(−0.38)	(−1.27)
独董规模	−1.057	−0.020	−0.110	−0.829
	(−0.92)	(−0.03)	(−0.12)	(−0.94)
管理层持股	1.091*	0.658	0.973*	1.270**
	(1.82)	(1.49)	(1.75)	(2.27)
公司成长性	−0.241***	−0.206***	−0.204***	−0.232***
	(−2.62)	(−3.25)	(−2.59)	(−3.03)
公司年龄	0.133	0.173	0.243	0.062
	(0.61)	(1.20)	(1.07)	(0.28)
观测值	3293	8751	5372	5047
拟合优度	0.020	0.017	0.019	0.026
公司固定效应	是	是	是	是
年度固定效应	是	是	是	是

注：括号内为 Z 值（logit 回归）。*$p<0.1$，**$p<0.05$，***$p<0.01$。

表3-9　其他稳健性检验二：解释变量替代度量

变量	董事长反黏性	CEO反黏性	董监高前三反黏性"	董事前三反黏性
	（1）	（2）	（3）	（4）
	反薪酬黏性_董事长	反薪酬黏性_CEO	反薪酬黏性_董监高签前三	反薪酬黏性_董事前三
Treat_Post	0.490**	0.357**	0.466***	0.652***
	（2.52）	（2.16）	（3.33）	（4.75）
总资产收益率	−3.431*	0.805	−1.227	−1.937
	（−1.68）	（0.45）	（−0.81）	（−1.31）
公司规模	0.194	0.210*	0.323***	0.232**
	（1.39）	（1.66）	（3.30）	（2.41）
资产负债率	−0.666	−0.066	−0.536	−0.378
	（−1.33）	（−0.16）	（−1.54）	（−1.05）
股权集中度	−0.018*	−0.001	−0.010	−0.006
	（−1.87）	（−0.13）	（−1.52）	（−0.89）
股权制衡度	−0.001	0.006	0.000	−0.001
	（−0.10）	（0.84）	（0.06）	（−0.23）
独董规模	0.927	0.468	0.238	−0.646
	（0.65）	（0.39）	（0.24）	（−0.64）
管理层持股	2.218***	2.345***	0.825	0.883
	（3.10）	（3.16）	（1.39）	（1.48）
公司成长性	−0.015	−0.121	−0.252***	−0.075
	（−0.14）	（−1.24）	（−3.03）	（−0.96）
公司年龄	−0.324	0.134	−0.043	−0.023
	（−1.14）	（0.51）	（−0.23）	（−0.11）
观测值	2495	3124	4300	4436
拟合优度	0.050	0.046	0.030	0.031
公司固定效应	是	是	是	是
年度固定效应	是	是	是	是

注：括号内为Z值（logit回归）。*p<0.1,**p<0.05,***p<0.01。

3.4.2 国有企业反薪酬黏性现象与企业未来绩效

此部分我们检验反薪酬黏性现象对公司未来绩效的影响，我们分别汇报了对商业竞争类国有企业和特殊功能类国有企业的影响。参照岳希明等（2010）和蔡贵龙等（2018b）对特殊功能类行业的定义，我们对国有企业的商业竞争类行业和特殊功能类行业进行了划分，具体见本章研究设计部分。

表3-10报告了商业竞争类国有企业的反薪酬黏性现象对未来绩效的影响。从结果可以看出，无论用Roa还是Roe衡量公司经营绩效，反薪酬黏性现象对公司未来一年、未来两年和未来三年的影响都显著为负，表明反薪酬黏性现象损害了商业竞争类国企未来的价值。表3-11报告了对特殊功能类国企未来绩效的影响，无论是用总资产收益率或净资产收益率度量公司绩效，反黏性对其未来1-3年的绩效没有显著影响。实证结果支持假设H3-2。

表3-10　反薪酬黏性现象商业竞争类国有企业未来绩效影响

变量	(1) 总资产收益率_(t+1)	(2) 总资产收益率_(t+2)	(3) 总资产收益率_(t+3)	(4) 净资产收益率_(t+1)	(5) 净资产收益率_(t+2)	(6) 净资产收益率_(t+3)
反薪酬黏性	−0.005***	−0.003***	−0.004***	−0.009***	−0.009**	−0.011***
	（−4.25）	（−2.61）	（−3.03）	（−3.40）	（−2.40）	（−2.81）
公司规模	−0.011***	−0.012***	−0.012***	−0.026***	−0.028***	−0.025***
	（−9.66）	（−8.75）	（−7.78）	（−8.46）	（−7.04）	（−5.63）
资产负债率	−0.033***	−0.048***	−0.026***	0.046***	0.016	0.004
	（−6.49）	（−8.17）	（−4.31）	（3.55）	（0.97）	（0.24）
股权集中度	0.000***	0.001***	0.001***	0.001***	0.001***	0.001***
	（2.87）	（5.83）	（4.86）	（3.29）	（5.41）	（4.47）
股权制衡度	0.000***	0.000***	0.001***	0.001***	0.001***	0.001***
	（5.34）	（5.12）	（5.56）	（4.57）	（3.89）	（4.55）
独董规模	−0.008	−0.015	0.002	0.005	−0.050	−0.002
	（−0.66）	（−1.09）	（0.15）	（0.17）	（−1.27）	（−0.05）
管理层持股	0.027	−0.039	0.164**	0.005	0.081	0.341*
	（0.69）	（−0.79）	（2.29）	（0.05）	（0.58）	（1.65）
公司成长性	0.008***	0.012***	0.014***	0.024***	0.034***	0.042***
	（6.47）	（6.99）	（7.66）	（7.57）	（6.82）	（7.86）

上市公司高管薪酬激励研究

续表

变量	(1) 总资产收益率_(t+1)	(2) 总资产收益率_(t+2)	(3) 总资产收益率_(t+3)	(4) 净资产收益率_(t+1)	(5) 净资产收益率_(t+2)	(6) 净资产收益率_(t+3)
公司年龄	0.000	0.002	0.000	0.004	0.011*	0.005
	(0.24)	(1.07)	(0.08)	(0.79)	(1.91)	(0.81)
常数项	0.288***	0.276***	0.267***	0.536***	0.493***	0.458***
	(10.12)	(8.40)	(7.35)	(7.40)	(5.31)	(4.38)
观测值	6111	5904	5640	6111	5904	5640
拟合优度	−0.122	−0.127	−0.144	−0.148	−0.167	−0.174
公司固定效应	是	是	是	是	是	是
年度固定效应	是	是	是	是	是	是

注:括号内为t值并经过异方差调整。*p<0.1,**p<0.05,***p<0.01。

表3-11　反薪酬黏性现象对特殊功能类公益类国有企业未来绩效影响

变量	(1) 总资产收益率_(t+1)	(2) 总资产收益率_(t+2)	(3) 总资产收益率_(t+3)	(4) 净资产收益率_(t+1)	(5) 净资产收益率_(t+2)	(6) 净资产收益率_(t+3)
反薪酬黏性	−0.004	−0.003	−0.004	−0.011	−0.004	−0.001
	(−1.54)	(−1.16)	(−1.39)	(−1.49)	(−0.52)	(−0.12)
公司规模	0.003	−0.003	0.003	0.014*	−0.017**	−0.021**
	(1.23)	(−1.27)	(0.89)	(1.84)	(−2.14)	(−2.31)
资产负债率	−0.044***	−0.029**	−0.089***	−0.018	0.006	−0.035
	(−3.72)	(−2.45)	(−6.58)	(−0.50)	(0.18)	(−0.91)
股权集中度	0.000	0.000**	0.000	0.000	0.001**	0.000
	(0.36)	(2.06)	(0.29)	(0.43)	(2.23)	(0.54)
股权制衡度	0.000	0.000**	0.000	0.000	0.001*	0.000
	(0.88)	(2.34)	(1.11)	(0.73)	(1.80)	(0.67)
独董规模	0.013	0.024	−0.031	0.000	−0.020	−0.143
	(0.45)	(0.79)	(−0.95)	(0.00)	(−0.22)	(−1.54)
管理层持股	−1.496***	−3.099***	−0.340	−8.249***	3.818***	−0.286
	(−5.91)	(−9.84)	(−0.36)	(−11.17)	(4.12)	(−0.11)

续表

变量	(1) 总资产收益率_(t+1)	(2) 总资产收益率_(t+2)	(3) 总资产收益率_(t+3)	(4) 净资产收益率_(t+1)	(5) 净资产收益率_(t+2)	(6) 净资产收益率_(t+3)
公司成长性	0.004	0.005	0.008**	0.013*	0.025***	0.025**
	(1.46)	(1.55)	(2.17)	(1.70)	(2.79)	(2.48)
公司年龄	−0.003	−0.002	−0.002	0.002	0.012	0.015
	(−0.38)	(−0.30)	(−0.20)	(0.10)	(0.50)	(0.58)
常数项	0.014	0.121	0.051	−0.247	0.285	0.472
	(0.17)	(1.38)	(0.50)	(−1.00)	(1.11)	(1.62)
观测值	1036	1008	941	1036	1008	941
拟合优度	−0.118	−0.028	−0.128	−0.022	−0.146	−0.187
公司固定效应	是	是	是	是	是	是
年度固定效应	是	是	是	是	是	是

注：括号内为t值并经过异方差调整。*p<0.1，**p<0.05，***p<0.01。

3.5 进一步讨论

通过上文讨论，我们验证了"限薪令"会导致国有企业反薪酬黏性现象的增加，且会对商业竞争类国有企业的未来绩效产生不良影响。我们进一步讨论什么样的国有企业更容易出现反薪酬黏性现象。

3.5.1 政府干预强弱

在我国，政府主要是通过股权结构（金字塔结构等）和大股东出任高管这两种方式直接控制企业（法恩等，2013），外在表现为金字塔层级和企业高管是否有行政背景因素，因此，我们主要检验以上两种情况对高管反薪酬黏性的影响。

1. 金字塔层级

金字塔股权结构在世界范围内普遍存在。现有研究整体上发现了金字塔层级延长后，政府对国有企业的干预较为困难，干预程度减弱。如程仲鸣等（2008）从过度投资的角度，发现金字塔层级的延长会引起企业有较少的过度投资，他们认为金字塔结构可以作为法律保护的替代机制，可以降低"政府之手"的干扰。曹春方等（2015）从国有企业长期贷款配置的角度考察了金字塔结构的影响，发现金字塔层级的多少与企业的长期贷款负相关，金字塔结构减弱了政府"支持之手"和"掠夺之手"的作用。苏坤（2016）则从企业风险承担的角度考察金字塔结构的作用，他们发现金字塔结构延长后政府干预程度较轻，"掠夺之手"减弱，企业的经营活力得到了提升，其风险承担的水平也得到了提升。现有文献的逻辑为金字塔结构在政府和企业之间形成了一个隔离带，随着金字塔层级的增加，政府想要干预企业，必须跨过层层金字塔层级，干预企业的成本会越来越高，也越来越不方便（程仲鸣等，2008；钟海燕等，2010；法恩等，2013；曹春方等，2015）。

基于此，我们讨论国有企业金字塔层级对于政府"限薪令"执行程度的影响，如果金字塔层级越短，政府的控制力度越强，对政策的执行越彻底。反之，政府控制链条延长后，对于企业的干预需要进行层层跨越，干预力度较弱，企业的自主权更高，对"限薪令"的执行可能较为有限。本书手动整理了金字塔层级的数据，参考法恩等（2013）和曹春方等（2015）的方法，我们查找了上市公司年报中披露的"公司与实际控制人之间的产权及控制关系方框图"，然后手工进行计算。计算金字塔层级的数量时，对于最终控制人到上市公司有多条控制链的情况，我们选择层级最多的一条来表示。控制链条上每个单位为一个层级（其中个人也算一个层级），上市公司本身不含在内。我们将金字塔层级的数据按照其中位数进行分组，金字塔层级小于中位数的为金字塔层级较短组，大于中位数的为金字塔层级较长组。实证结果见表3-12中第（1）、（2）列所列，"限薪令"对国有企业高管反薪酬黏性的影响更多体现在金字塔层级较短的企业中，在金字塔层级较长企业中则不明显。表明金字塔层级较短时，政府的控制能力更强，对"限薪令"的执行更为彻底，会提高出现反薪酬黏性现象的概率。

2. 行政关联

由于政府行政部门掌握着国企高管的人事任命权，一般基于行政渠道选拔和任命官员担任国企高管，从而外在表现为这些企业高管具有一定的行政色彩，是政府控制的一种具体表现。任命现任或前任的政府官员担任企业的高管，或者赋予公司高管一个行政身份，表明政府有较强的动机进行行政干预，希望通过行政关联的高管来加强其对公司的控制，实现治理目标（王庆文和吴世农，2008）。因此现有研究普遍认为行政关联的国有企业会受到更多的政府干预（刘慧龙等，2010）。

当政府颁布政策法规后，有行政关联的企业受政府影响更为严重，可能会更好的执行政策。所以我们预期有行政关联的国有企业对"限薪令"的执行更为彻底，在"限薪令"之后出现反薪酬黏性的现象更为严重。行政关联的定义与多数研究一致（余明桂和潘洪波，2008；唐松和孙铮，2014；逯东等，2015），如果该公司的董事长或总经理目前或曾经在政府、军队任职，或是人大代表或政协委员，则认为该公司存在高管行政关联。

实证结果见表3-12中第（3）、（4）列所列，在有行政关联的企业中，"限薪令"对反薪酬黏性的影响在1%的水平上显著为正，而在没有行政关联的企业中则不显著。说明在行政关联的企业中，政府的控制力度更强，"限薪令"发挥的作用更为显著，导致国有企业出现反薪酬黏性的现象更多。

3.5.2 管理层权力强弱

芬克尔斯坦（1992）强调管理层权力是企业管理层执行自身意愿的能力。其直接表现是对自己薪酬的制定有很强的控制力。拜博切克等（2002）指出管理层薪酬设计并不是由董事会完全控制的，在公司内部治理存在缺陷、外部监督约束缺乏时，管理层可以通过自身权力影响薪酬设计并进行寻租。众多研究发现高管权力与薪酬水平正相关，权力大的国有企业高管存在自定薪酬的现象（王克敏和王志超，2007；吕长江和赵宇恒，2008；吴育辉和吴世农，2010）。管理层权力理论下的相关研究考察了公司并购（傅颀等，2014）、超募融资（赵刚等，2017）等方面的管理层权力如何影响高管薪酬。

因此，我们拟考察管理层权力的大小对高管反薪酬黏性现象的影响。对于管理层权力的度量，基于现有文献的做法（卢锐等，2008；权小锋等，2010），本书将两职合一、总经理任职年限、董事会人数、内部董事的比例通过主成分分析法合成一个指标进行度量。两职合一指公司董事长同时兼任CEO，此时管理层的权力较大，CEO的任职年限越长，其建立的网络和资源等加大了管理层权力；董事会人数越多时越难形成统一意见，监督行为也愈加分散，管理层权力增大；内部董事比例越高，外部董事比例越小，受到外部董事监督的可能变小，且内部董事更容易与管理层有利益联系，因此内部董事比例越大，管理层权力越大。因此，合成的主成分变量中，值越大表示管理层权力越大。我们将合成的指标按照其中位数进行分组，大于中位数的为管理层权力大的组，小于中位数为管理层权力小的组。回归结果见表3-12中第（5）、（6）列所列，"限薪令"下高管反薪酬黏性现象更多体现在管理层权力小的国企中，对管理层权力大的国企则不显著，说明管理层权力对高管薪酬契约有一定的影响，与我们的设想一致。

表3-12　反薪酬黏性的异质性检验

一	金字塔层级短	金字塔层级长	行政关联有	行政关联无	管理层权力小	管理层权力大
	(1)	(2)	(3)	(4)	(5)	(6)
变量	反薪酬黏性	反薪酬黏性	反薪酬黏性	反薪酬黏性	反薪酬黏性	反薪酬黏性
D*T交互项	0.585***	0.005	0.846***	0.193	0.734**	0.258
	(2.83)	(0.02)	(2.70)	(0.98)	(2.45)	(1.29)
总资产收益率	−0.847	−0.143	−4.421	−1.818	1.264	−1.342
	(−0.43)	(−0.05)	(−1.37)	(−0.91)	(0.40)	(−0.62)
公司规模	0.295**	0.648***	0.725***	0.218	0.439**	0.257*
	(2.08)	(3.34)	(2.95)	(1.61)	(2.14)	(1.67)
资产负债率	−0.597	−0.392	−1.747**	0.198	0.285	−0.903
	(−1.22)	(−0.63)	(−2.26)	(0.42)	(0.40)	(−1.62)
股权集中度	−0.020*	−0.015	−0.001	−0.014	−0.017	−0.016
	(−1.88)	(−1.23)	(−0.07)	(−1.41)	(−1.23)	(−1.26)
股权制衡度	−0.005	−0.002	0.015	−0.003	−0.007	0.010
	(−0.58)	(−0.21)	(1.33)	(−0.38)	(−0.59)	(1.13)
独董规模	−0.567	0.354	2.318	−0.786	−2.517	1.055
	(−0.42)	(0.21)	(1.19)	(−0.56)	(−1.46)	(0.60)
管理层持股	1.230*	1.864	1.438	1.686**	0.346	1.264
	(1.78)	(1.06)	(0.91)	(2.17)	(0.33)	(1.32)
公司成长性	−0.187*	−0.219	−0.374**	−0.093	−0.131	−0.160
	(−1.71)	(−1.62)	(−2.22)	(−0.87)	(−0.85)	(−1.31)
公司年龄	0.183	0.173	−1.093	0.168	0.037	1.306
	(0.60)	(0.27)	(−0.93)	(0.64)	(0.12)	(1.35)
观测值	2463	1509	1226	2401	1102	2099
拟合优度	0.022	0.037	0.051	0.025	0.032	0.032
公司固定效应	是	是	是	是	是	是
年度固定效应	是	是	是	是	是	是

注：括号内为Z值（logit回归）。*p<0.1，**p<0.05，***p<0.01。

3.6　小结与启示

本章基于"限薪令"背景，探讨部分国有企业过度执行政策后，出现的业绩增加而薪酬不增反降的"反薪酬黏性"现象。本书构建了反薪酬黏性指标，并实证检验"限薪令"是否导致了反薪酬黏性现象的增加以及对绩效的反应。实证检验发现"限薪令"会导致国有企业高管反薪酬黏性现象的增加。这种反薪酬黏性现象会导致商业竞争类国企未来绩效的降低，但对特殊功能类国企的影响则不显著。在"限薪令"的执行上，这种反薪酬黏性现象更多体现在政府控制力强（金字塔层级短、高管有政治联系）和管理层权力弱的国有企业中。本章首次提出"反薪酬黏性"的概念并设计指标进行度量，拓展了国有企业高管不合理薪酬现象的研究，丰富了高管薪酬管制领域的相关文献，也为国企分类改革提供了一定的实证证据。

本章的结论有如下意义：其一，高管作为企业重要的人才资源，对企业的经营管理起着至关重要的作用，探索有效的高管薪酬激励制度对国有企业的改革有着至关重要的作用。有效激励有两方面的含义，一方面有一定的约束机制，能够约束"内部人控制"等过度激励的问题。另一方面，需要避免国企高管的激励不足问题，能够调动高管工作的积极性，实现人才的驱动效应。其二，反薪酬黏性现象对商业竞争类国企和特殊功能类国企的不同绩效影响也为近年来国家提出的国企分类改革提供了实证证据，可以根据企业的类别分类实施政策，对于商业竞争类国有企业，可更多地采用市场化选聘高管和市场化薪酬。

第4章

高管反薪酬黏性现象与替代性激励

4.1 引言

第三章中我们提出了反薪酬黏性的概念，并设计指标进行了测算，验证了"限薪令"会导致反薪酬黏性现象的增加，并且我们发现反薪酬黏性现象降低了商业竞争类企业的未来绩效。进一步，我们探究高管是否会有推诿懈怠等消极行为，或寻求其他替代性激励。现有文献发现薪酬激励不足会导致公司高管出现更多的在职消费等以获得替代性激励（陈冬华等，2005；陈信元等，2009）等，我们进一步从公司违规的视角进行讨论。

近年来，我国上市公司违规现象频发，诸如"瑞幸咖啡财务造假事件""獐子岛事件""雅百特巨额财务造假案""凯迪生态债务违约"等案件引起了公众的广泛关注。违规事件增加了资本市场的不稳定性，打击了投资者的积极性，造成了公司价值的损失，对我国资本市场的健康发展构成了巨大的威胁。由此，如何约束上市公司违规行为，保护资本市场中各参与主体的利益，成为了实务界和理论界共同关注的热点话题。舞弊三角理论认为，公司违规是动机（incentive）、机会（opportunity）和自我合理化（rationalize）三种要素共同催化的结果。高管违规操作的机会更大；而薪酬管制阻碍了高管获得高额收益，增强了其通过违规获取替代性激励的动机；高管的薪酬随着业绩升高不增反降，会使他们产生不平衡心理，给其违规行为找到合理化的心理安慰。以上均会影响企业的违规概率。

在我国，国有企业的功能目标较为复杂，与民营企业有着本质的区别。由于行业壁垒、价格管制与政府补贴的存在，市场竞争对处于特殊功能类行业和商业竞争类行业的影响不尽相同。特定功能类国有企业目标一部分是弥补市场缺陷，保障民生和社会效益、提供公共产品和服务；另一部分虽追求经济效益，但属于基础性产业和支柱性产业，这些行业在在国民经济中发挥主导作用，用于巩固社会主义基本经济制度。在这类国有企业中，高管人员大部分为行政任命，企业目标更多的是发挥国有企业的特殊功能，为社会提供服务。因此薪酬对其激励作用有限，进行违规操纵的可能性也较小。但也有接近一半的国有企业资产仍分布在非基础性行业和非支柱产业中，这些企业属于商业竞争类，其功能定位是自主经营、自负盈亏，追求盈利实现国有资产保值增值（中国社会科学院工业经济研究所，2014）。在完全竞争的国有企业中，企业业绩很大程度上取决于高管的努力程度和管理水平。因此，有效的激励方式对其影响较大，当企业业绩上升而薪酬不升反降时可能引起激励不足问题，导致高管的推诿懈怠行为，更进一步，可能引起公司违规行为。本部分从国有企业分类治理的角度探讨对企业违规行为的影响。

此外，大量文献从公司内外部治理机制的角度探讨了公司违规行为的影响因素。如在公司内部机制中，独立董事（陈和雅吉，2006；张国华和陈方正，2006；吴晓晖和姜彦福，2006；逯东等，2017）、董事会规模（詹森，1993；李胜楠，2009）、公司股权结构（拉波尔塔等，1998；金姆和易，2006；余明桂和夏新平，2004）、机构投资者持股（陆瑶等，2012；卜君和孙光国，2020）、公司战略（孟庆斌等，2018）等会影响公司的违规行为。外部特征中，主要从法律环境和市场化水平（全怡和姚振晔，2015；曹春方等，2017）、分析师关注（希利和帕利普，2001；郑建明等，2015）、媒体关注（戴克和津加莱斯，2002；米勒，2006；周开国等，2016）等方面进行探讨。文献研究发现公司的内外部监督治理机制能够抑制公司违规行为。

基于以上分析，本章从企业违规的角度，探讨国有企业"限薪令"下高管反薪酬黏性现象的替代性激励后果。首先，探讨反薪酬黏性现象是否会导致公司违规概率的增加；其次，我们讨论了在商业竞争类和特殊功能类国有企业中的不同效果；最后，我们基于现有文献中对公司违规现象的监督治理机制，从内外部监督治理环境探讨了治理机制是否能对反薪酬黏性引起的公司违规行为进行治理。实证检验发现：（1）国有企业高管的反薪酬黏性现象会导致违规概率的增加，这种违规概率的增加主要体现在商业竞争类国企中，对特殊功能类国企的影响则不显著。（2）在公司内部监督治理环境较弱（内部控制弱、管理层权力大）和外部监督治理较弱（非四大审计、非交叉上市、分析师关注少、市场化程度低）的情况下，反薪酬黏性对违规概率的影响更为显著，而公司内外部监督治理作用较好时，反薪酬黏性对公司违规概率的影响不显著，说明监督治理机制对高管的私利行为进行了较好的控制。

相较于现有文献，本章的贡献主要有：

第一，拓展和丰富了高管激励影响企业违规行为的相关研究。现有研究认为，高管进行违规操纵的动机主要为获取较高报酬（肖淑芳等，2013；埃芬迪等，2007；迪舟等，1996；戈德曼和斯勒扎克，2006；迪舟等，2011）、获得更高的股权收益（娜塔莎和西米，2006；苏冬蔚和林大庞，2010；戈德曼和斯勒扎克，2006；谢恩等，2009）和晋升激励（哈斯等，2015）。本章从激励不足引起的寻求替代性激励的角度，发现商业竞争类国企高管反薪酬黏性现象会增加企业违规的概率，以此扩展和丰富了高管激励影响公司违规行为的研究。

第二，拓展和丰富了薪酬管制经济后果的相关研究。现有文献发现薪酬管制可能导致高管进行更多的在职消费（陈冬华等，2005）和腐败（陈信元等，2009；徐细雄和刘星，2013）等不良行为，也可能打击高管工作的积极性，进而影响企业的创新（鄢伟波和邓晓兰，2018）、全要素生产率（黄贤环和王瑶，2020）等，本章则从企业违规的角度提供证据，以国企高管反薪酬黏性现象引起商业竞争类公司出现更多违规行为拓展了薪酬管制经济后果的相关文献。

本章余下部分的安排如下：第二部分我们通过理论分析提出本书的研究假设；第三部分为研究设计，包括数据的来源和测算，模型设计、描述性和分组统计等；第四部分是实证结果和分析，包括对假设的检验结果和稳健性分析；第五部分从违规类型、违规的治理机制的异质性做进一步分析；最后一部分为本章的总结。

4.2 理论分析与研究假设

4.2.1 国企高管反薪酬黏性现象与替代性激励

长期以来，良好的薪酬契约有两层含义，其一，能够满足经理人的目标，其二，在经理人能达到报酬最大化目标时实现股东价值的最大化，即能够同时实现股东的目标和经理人的目标。其中，最有效的方式是经理人的薪酬与公司业绩挂钩（詹森和迈克林，1976；利昂.吴和齐默尔曼，2006；詹森和迈克林，1990）。而高管薪酬不随业绩增长的反薪酬黏性现象扭曲了薪酬契约的有效性，导致对高管的激励不足。高管作为企业重要的人才资源，对企业的经营管理起着至关重要的作用，而对其激励不足可能打击高管工作的积极性，也可能导致高管寻求其他形式的替代性激励，进而引起企业的违规行为。

具体来说，国企高管的反薪酬黏性现象会从以下几方面影响公司的违规行为。其一，高管的薪酬激励降低，降低了工作努力的积极性，会出现推诿懈怠等行为（杨青等，2018），影响到高管进行决策时的合理性和科学性，高管对其员工的监督作用也可能降低，进而出现违规行为；其二，出现企业业绩升高而高管薪酬下降的现象时，高管违规的动机增加，其更可能寻求其他形式的替代激励，如现有文献发现的更高的在职消费等（陈冬华等，2005；王曾等，2014），高管也可能通过违规操作以达到其替代激励的目的，如通过违规买卖股票、违规担保、出资违规、擅自改变资金用途、占用公司资产等达到目的，导致公司违规的概率更高；其三，高管的薪酬受到管制而企业的业绩升高时，高管使自己违规行为合理化的理由增强。自我合理化是指有借口让自己的违规行为心安理得，当公司业绩逐年增长，高管的薪酬不增反降时高管可能认为通过其他途径获得替代激励是可以被理解的，或产生"这是公司欠我的"等常用借口。因此，本章提出假设H4-1。

假设H4-1：在其他条件不变时，国有企业高管的反薪酬黏性现象会增加企业的违规概率。

4.2.2 对特殊功能类国企和商业竞争类国企的区别影响

如前所述，国有企业高管的反薪酬黏性现象会导致管理层激励不足，引起管理层推诿懈怠现象，也可能引发管理层进行攫取私利的违规。但管理层违规行为的发生还会受到违规空间和机会的影响。由于市场竞争对处于特殊功能类行业和商业竞争类行业企业的影响不尽相同，同样的高管反薪酬黏性现象对于企业违规的影响在商业竞争类和特殊功能类行业的国企可能会有不同的效果。

具体而言，对于特殊功能类国企，其目标是弥补市场缺陷，保障民生和社会效益、提供公共产品和服务，或属于基础性产业和支柱性产业中，这些行业在国民经济中发挥主导作用。在这类国有企业中，高管人员大部分由行政任命，其目标更多的是发挥国有企业的特殊功能，为社会提供服务。特殊地位也能够保障企业获取稳定的利润，高管发挥的作用相对有限，由于薪酬激励不足带来的懒政怠政行为的影响有限，其进行违规操作的空间也有限；并且特殊功能类国有企业的经理人政治晋升的可能性更大，货币性薪酬的激励作用有限（杨青等，2018），进行违规操作获取私利的动机减弱。对于商业竞争类国企，其功能定位是自主经营、自负盈亏，追求盈利实现国有资产保值增值。企业价值很大程度上取决于经理人的才能与努力水平，因此高管的作用更大，其能进行违规操作的空间也较大。当薪酬激励不足时，一方面，经理人出现推诿懒怠行为对公司的影响较大，可能会由于监督和决策的不合理造成更多的违规；另一方面，高管激励不足而违规操作空间较大时，其进行违规操作获取替代性激励的动机较大，可能导致企业的违规倾向更高。由此我们提出假设H4-2。

假设H4-2：在其他条件不变时，国有企业高管反薪酬黏性现象会显著增加商业竞争类国有企业的违规概率，对特殊功能类国有企业的影响则不显著。

4.3 实证数据与模型

4.3.1 样本与数据

本章我们旨在考察国企高管反薪酬黏性现象是否会引起公司违规概率的增加，所用到的主要数据为上市公司违规数据、上市公司财务数据、高管个人特股数据等，数据来自于国泰安数据库。

关于反薪酬黏性指标的测算同第3章数据测算部分，在此不赘述。上市公司违规数据来自国泰安数据库，我们按照公司违规的实际年度计算公司当年是否违规和公司当年违规数量。

与第3章数据区间保持一致，我们选择2010-2017年A股国有上市公司为初选样本，为保证数据结果的准确性，我们按照惯例对数据进行以下处理，首先，我们剔除金融行业上市公司；其次，我们将财务数据缺失的数据进行删除；最后，我们剔除被ST或者PT的公司。为剔除极端值的影响，我们对连续变量进行了上下1%的缩尾处理。

4.3.2 模型与变量

为检验国有企业高管的反薪酬黏性现象是否导致了更多的违规，参照曹春方等（2017），我们构建模型（4-1）：

$$Violation_t = \gamma_0 + \gamma_1 Rev\_stick_{t-1} + \gamma_i \sum Control_{i,t-1} + \varepsilon_3, \qquad (4\text{-}1)$$

其中，被解释变量为公司是否违规哑变量，定义为，如果公司当年发生违规行为，则违规行为变量取 1，否则取 0；本章还提供违规次数作为稳健性检验。解释变量为公司高管是否出现反薪酬黏性现象，参照陈信元等（2009）、陈霞等（2017），我们用薪酬最高的前三名高管作为高管的代理变量，按照第 3 章步骤计算高管前三是否出现业绩升高时薪酬不增反降的反薪酬黏性现象，出现时反薪酬黏性变量的数值取 1，其余情况为 0。此外，我们分别计算了董事长、总经理和董监高前三是否出现反薪酬黏性现象，并作为稳健性检验。由于高管薪酬对于公司违规的影响可能存在滞后性，我们将解释变量做滞后一期处理。如果本章假设 H4-1 成立，那么 γ_1 将显著大于 0，即反薪酬黏性现象会提高公司违规的概率。

控制变量中，参照逯东等（2017）和曹春方等（2017）的研究，我们控制了公司层面影响公司违规的因素，为保证模型结果的可对比性，我们在全文中使用同一组控制变量。包括经营绩效、公司规模、资产负债率、股权集中度，以及股权制衡度、独立董事比例、高管持股比例、公司成长性、公司年龄等。另外，我们还控制了行业虚拟变量和年度虚拟变量，行业分类按照证监会 2012 年版分类标准，另外，由于被解释变量为二值变量，采用 Logit 模型进行回归检验。为避免机械相关性，所有连续性控制变量均滞后一期。具体变量定义见表 4-1 所列。

表 4-1　模型的变量及定义

变量	定义
反薪酬黏性	高管是否出现反薪酬黏性现象,高管前三出现公司业绩上升薪酬下降时取值为1,否则为0
违规行为	公司当年是否发生违规,当年被查出有违规处罚取值为1,否则为0
总资产收益率	公司资产收益率,为净利润除以总资产
公司规模	公司规模,为上市公司总资产取对数
资产负债率	公司负债率,为负债除以总资产
股权集中度	公司第一大股东持股比例
两职合一	董事长和总经理是否两职合一,1是,0否
股权制衡度	股权制衡度,公司第二大到第十大股东持股比例
独董规模	独立董事比例,为独立董事人数除以公司董事总人数
管理层持股	管理层持股比例,为管理层持股数量除以总股数
公司成长性	公司成长性,企业年度主营业务收入的增长率
公司年龄	公司年龄,为样本所在年份减去企业成立年份

4.3.3 描述性统计与分组统计结果

本章样本所用变量的描述性统计见表4-2所列，主要统计了各变量的均值、标准差、中位数、最小值和最大值。其中，反薪酬黏性的均值为0.23，表示样本中有23%的企业有高管薪酬反黏性现象，表明此现象的发生较为普遍。除股权集中度和股权制衡外，其余变量的方差都较小，表明数据整体波动不大。

除主要变量的描述性统计外，我们还对比了出现反薪酬黏性的国企和未出现反薪酬黏性现象的国企的违规概率均值。结果见表4-3所列，国有企业中高管出现反薪酬黏性现象时，其违规概率为16.7%，显著高于未出现反薪酬黏性现象的国企违规均值13.7%，T检验有显著差异。用董监高是否出现反薪酬黏性度量高管反薪酬黏性时结果几乎一致。该结果初步验证了本书假设H4-1，国有企业高管反薪酬黏性现象会增加企业的违规概率。

表4-2 变量的描述性统计表

变量	观测值	平均值	标准差	中位数	最小值	最大值
反薪酬黏性	4398	0.23	0.42	0.00	0.00	1.00
公司违规	4398	0.14	0.35	0.00	0.00	1.00
总资产收益率	4398	0.05	0.05	0.04	-0.41	0.21
公司规模	4398	22.55	1.32	22.37	18.96	26.60
资产负债率	4398	0.50	0.19	0.51	0.05	1.22
股权集中度	4398	38.91	15.22	38.34	8.76	74.98
两职合一	4398	0.10	0.30	0.00	0.00	1.00
股权制衡度	4398	17.66	12.06	14.94	1.51	55.93
独董规模	4398	0.37	0.05	0.33	0.20	0.57
管理层持股	4398	0.00	0.02	0.00	0.00	0.57
公司成长性	4398	0.19	0.34	0.12	-0.44	2.75
公司年龄	4398	16.02	5.14	16.00	2.00	30.00

表4-3 均值分组统计

—	—	反薪酬黏性=0	反薪酬黏性=1	
—	Observations	3385	1008	
高管前三	公司违规	0.137	0.167	−2.449**
董监高前三	公司违规	0.138	0.161	−1.839*

注：***、**、*分别代表在1%、5%和10%的水平上显著。

4.4 实证结果与分析

4.4.1 商业竞争类高管反薪酬黏性现象与公司违规倾向

1. 主要回归结果

我们将本章样本数据用模型（4-1）进行回归检验，结果见表4-4所列。第（1）列展示的是没有增加控制变量的结果，反薪酬黏性变量的系数在5%的显著性水平上为正；第（2）列增加控制变量后，反薪酬黏性变量的系数在1%的显著性水平上为正。说明国有企业高管反薪酬黏性现象增加了公司违规的概率，实证结果支持假设H4-1。

控制变量方面，与现有文献发现一致，公司绩效、公司规模、股权集中度、独立董事比例的回归系数显著为负，说明公司绩效越好、规模越大，以及公司治理越好的国有企业，其违规行为越少。资产负债率和公司成长性的系数显著为正，说明杠杆率越高、成长性越高的企业，其违规概率也越高。结果均符合预期，其余变量未表现出明显的显著性。

表4-4 高管反薪酬黏性现象与公司违规回归分析

变量	（1）	（2）
	公司违规	公司违规
反薪酬黏性	0.257**	0.276***
	(2.49)	(2.64)
总资产收益率	—	−5.784***
	—	(−3.10)
公司规模	—	−0.209***
	—	(−3.52)

续表

变量	（1）	（2）
	公司违规	公司违规
资产负债率	—	0.879**
	—	（2.20）
股权集中度	—	−0.014***
	—	（−2.93）
两职合一	—	0.067
	—	（0.36）
股权制衡度	—	−0.002
	—	（−0.35）
独董规模	—	−1.734*
	—	（−1.66）
管理层持股	—	1.399
	—	（0.83）
公司成长性	—	0.189*
	—	（1.80）
公司年龄	—	−0.002
	—	（−0.13）
常数项	−2.103***	4.357***
	（−3.84）	（3.17）
观测值	4398	4389
拟合优度	0.025	0.050
行业固定效应	是	是
年度固定效应	是	是

注：括号内为稳健性 z 值并经过公司层面的 Cluster 调整。***、**、*分别代表在 1%、5% 和 10% 的水平上显著。

2. 稳健性检验

1）内生性讨论

为减轻本章分析过程中的内生性干扰，本部分从以下几点进行稳健性检验，主要包固定效应模型、反向因果测试，安慰剂检验和控制变量当期。

①固定效应模型（FE）。在使用固定效应模型控制不随时间变化的公司特质之后，国有企业高管的反薪酬黏性现象与公司违规概率的系数如表4-5中第（1）列所示，仍然在5%的水平上显著为正，表明本书的结论依然成立。

②反向因果测试。考虑到公司违规与国企高管的反薪酬黏性现象之间可能存在反向因果的关系，比如因为公司出现违规行为，影响了高管的薪酬，进而导致高管出现利润上升而薪酬下降的反薪酬黏性现象。为考察反薪酬黏性现象是否受到公司违规行为的反向影响，参照席鹏辉等（2017）测试反向因果关系的办法，本书采用以下模型进行回归检验：

$$Rev\_stick_t = \gamma_0 + \gamma_1 Violation_{t-1} + \gamma_i \sum Control_{i,t-1} + \varepsilon_3, \qquad (4\text{-}2)$$

其中，$Violation_{t-1}$ 为上一年度公司是否违规的哑变量，如果公司的违规行为能够影响高管反薪酬黏性现象，那么 γ_1 将显著异于0，模型（4-1）将存在反向因果内生性问题。反之，则说明上年度公司违规行为对高管反薪酬黏性没有影响。模型（4-2）的回归检验结果见表4-5中第（2）列所列，上一年度公司的违规行为并没有显著影响本年度公司高管的反薪酬黏性现象，说明模型（4-1）没有明显的反向因果关系，我们的结论稳健。

③安慰剂检验。公司违规受到多种因素影响，尽管本书已对公司财务特征、公司治理特征等进行控制，但仍然可能遗漏某些重要的系统性因素，导致原结论有估计偏误。为此，本书采用安慰剂检验进行稳健性测试，将模型中解释变量打乱随机分配，如果随机分配后的变量反薪酬黏性_随机的系数值仍然显著为正，则表明原结论并非高管薪酬反黏性现象与公司违规概率的因果关系，而是遗漏了某些系统性因素。反之，如果随机分配变量不显著，则支持原结论。回归结果如表4-5中第（3）列所示，随机分配变量反薪酬黏性_随机的估计系数不显著，证明我们的结果稳健。

④控制变量处理。本章我们将控制变量做滞后一期处理，为保证结果的稳健性，我们将控制变量当期处理，回归检验结果见表4-5中第（4）列所列，反薪酬黏性变量的系数在1%的水平上显著为正，结果稳健。

表4-5　内生性讨论结果

变量	固定效应模型 (1) 公司违规	反向因果测试 (2) 公司违规	安慰剂检验 (3) 公司违规	控制变量当期 (4) 公司违规
反薪酬黏性	0.289**	—	—	0.275***
	(2.50)	—	—	(2.63)
滞后一期公司违规	—	0.085	—	—
	—	(0.83)	—	—
反薪酬黏性_随机	—	—	−0.123	—
	—	—	(−1.18)	—
总资产收益率	−2.854	−1.524	−6.010***	−3.972***
	(−1.41)	(−1.25)	(−3.24)	(−2.90)
公司规模	−0.200	0.058*	−0.190***	−0.175***
	(−1.49)	(1.68)	(−3.31)	(−3.00)
资产负债率	0.434	−0.238	0.877**	1.184***
	(0.74)	(−0.97)	(2.19)	(2.93)
股权集中度	0.012	0.006*	−0.014***	−0.015***
	(1.25)	(1.75)	(−2.87)	(−2.91)
两职合一	−0.009	−0.194*	0.065	0.182
	(−0.04)	(−1.65)	(0.36)	(1.04)
股权制衡度	0.002	0.000	−0.002	−0.001
	(0.26)	(0.11)	(−0.34)	(−0.09)
独董规模	1.361	0.649	−1.692	−2.195**
	(0.94)	(0.93)	(−1.62)	(−2.08)
管理层持股	0.213	−2.833**	1.363	1.618
	(0.03)	(−2.00)	(0.80)	(0.88)
公司成长性	0.246**	−0.146	0.182*	0.199*
	(1.96)	(−1.52)	(1.75)	(1.71)
公司年龄	−0.008	0.010	−0.002	−0.007
	(−0.32)	(1.09)	(−0.12)	(−0.45)
常数项	—	−4.303***	4.350***	3.308**
	—	(−3.97)	(3.17)	(2.30)
观测值	2289	4817	4389	4398
拟合优度	0.013	0.038	0.048	0.051
行业固定效应	是	是	是	是
年度固定效应	是	是	是	是

　　注：括号内为稳健性z值并经过公司层面的Cluster调整。***、**、*分别代表在1%、5%和10%的水平上显著。

2. 其他稳健性检验

①违规数量替代度量。主回归分析中我们用是否违规度量企业违规行为，此部分进一步用违规数量作为替代性度量。表4-6中第（1）列所列为回归分析的结果，反薪酬黏性变量的系数在1%的水平上显著为正，说明出现反薪酬黏性现象的公司，其违规的次数更多，结果稳健。

②反薪酬黏性的替代度量。我们上文将薪酬增长率除以业绩增长率为负值时（业绩增长率为正）定义为反薪酬黏性现象。此部分我们将净利润增长的绝对值大于0，且高管前三薪酬增长绝对值小于0定义为高管出现反薪酬黏性现象，此时变量反薪酬黏性2取值为1，否则为0。回归分析结果见表4-6中第（2）列所列，变量反薪酬黏性2的系数在5%的水平上显著为正，结果稳健。

③其他高管替代度量。参照现有文献，我们分别用董事长、CEO、董监高前三的数据度量高管是否出现反薪酬黏性现象，具体定义方式与高管前三相同，分别计算其薪酬的增长率除以业绩增长率，当业绩增长率为正而计算结果为负时我们定义为出现反薪酬黏性现象。我们分别进行稳健性回归检验。具体的回归检验结果见表4-6中第（3）、（4）和（5）列所列，反薪酬黏性_高管前三、反薪酬黏性_董事长、反薪酬黏性_总经理的系数均显著为正，回归检验结果稳健。

4.4.2 对特殊功能类国企和商业竞争类国企的区别影响

此部分我们检验反薪酬黏性现象对公司违规的影响，我们分别检验了对商业竞争类国有企业和特殊功能类国有企业的影响。参照岳希明等（2010）和蔡贵龙等（2018b）的研究，我们将特殊功能类行业定义为有垄断资源的行业，具体而言，本书将《国民经济行业分类》中烟草制品业、石油和天然气开采业、石油加工炼焦及核燃料加工业、电力、燃气及水的生产和供应业、铁路、水上及航空运输业、邮政和电信及其他信息传输服务业视为特殊功能类行业，其余视为商业竞争类行业。

表4-7所列为检验结果，其中第（1）、（2）列所列的是特殊功能类国有企业的回归检验结果，（3）、（4）列为商业竞争类国有企业的回归检验结果。从结果可以看出，用企业当年是否违规或违规次数衡量公司违规，反薪酬黏性指标的系数在特殊功能类国企中为正，但不显著，而在商业竞争类国企中则在5%水平上显著为正，这说明反薪酬黏性现象对特殊功能类国有企业违规的影响不显著，而对商业竞争类国有企业的违规有显著影响。实证结果支持假设H4-2。

表4-6　其他稳健性检验

变量	违规数量	反黏性替代	董监高前三	董事长反黏性	CEO反黏性
	（1）	（2）	（3）	（4）	（5）
	违规数量	公司违规	公司违规	公司违规	公司违规
反薪酬黏性	0.149***	—	—	—	—
	(2.60)	—	—	—	—
反薪酬黏性2	—	0.142**	—	—	—
	—	(2.48)	—	—	—
反薪酬黏性_高管前三	—	—	0.111**	—	—
	—	—	(2.04)	—	—
反薪酬黏性_董事长	—	—	—	0.262**	—
	—	—	—	(1.97)	—
反薪酬黏性_总经理	—	—	—	—	0.181*
	—	—	—	—	(1.71)
总资产收益率	−2.934***	−3.524***	−3.045***	−5.173**	−4.678***
	(−3.07)	(−4.13)	(−3.78)	(−1.98)	(−3.85)
公司规模	−0.112***	−0.107***	−0.117***	−0.113	−0.172***
	(−3.55)	(−4.16)	(−4.72)	(−1.40)	(−3.54)
资产负债率	0.463**	0.460**	0.523***	1.544***	0.989***
	(2.14)	(2.56)	(3.07)	(2.61)	(2.93)
股权集中度	−0.008***	−0.008***	−0.009***	−0.024***	−0.013***
	(−3.09)	(−3.77)	(−4.62)	(−3.62)	(−3.10)
两职合一	0.045	0.066	0.037	0.068	0.095
	(0.45)	(0.81)	(0.48)	(0.29)	(0.61)
股权制衡度	−0.001	−0.002	−0.002	−0.004	0.001
	(−0.45)	(−0.67)	(−0.83)	(−0.54)	(0.25)
独董规模	−0.941*	−1.178**	−0.958*	−2.556*	−2.075**
	(−1.68)	(−2.26)	(−1.92)	(−1.77)	(−2.12)
管理层持股	0.836	0.875	0.739	2.595	0.429
	(0.86)	(1.03)	(0.89)	(1.23)	(0.26)

续表

变量	违规数量	反黏性替代	董监高前三	董事长反黏性	CEO反黏性
	（1）	（2）	（3）	（4）	（5）
	违规数量	公司违规	公司违规	公司违规	公司违规
公司成长性	0.109*	0.110*	0.109*	0.158	0.216*
	（1.88）	（1.83）	（1.88）	（0.90）	（1.73）
公司年龄	−0.001	−0.004	−0.000	−0.038*	−0.008
	（−0.14）	（−0.69）	（−0.01）	（−1.89）	（−0.68）
常数项	2.280***	1.766***	1.498***	2.951	5.400***
	（3.06）	（2.93）	（2.60）	（1.61）	（3.64）
观测值	4389	4179	4823	2260	3955
拟合优度	0.049	0.052	0.060	0.110	0.038
行业固定效应	是	是	是	是	是
年度固定效应	是	是	是	是	是

注：括号内为稳健性 z 值并经过公司层面的 Cluster 调整。***、**、*分别代表在1%、5%和10%的水平上显著。

表4-7　　商业竞争类国企和特殊功能类国企的讨论

变量	特殊功能类国企	特殊功能类国企	商业竞争类国企	商业竞争类国企
	（1）	（2）	（3）	（4）
	公司违规	违规数量	公司违规	违规数量
反薪酬黏性	0.218	0.443	0.121**	0.121**
	（1.31）	（1.42）	（2.03）	（2.03）
总资产收益率	−5.296	−9.890*	−2.843***	−2.843***
	（−1.59）	（−1.66）	（−2.88）	（−2.88）
公司规模	−0.133*	−0.214	−0.101***	−0.101***
	（−1.85）	（−1.55）	（−2.95）	（−2.95）
资产负债率	−0.191	−0.585	0.552**	0.552**
	（−0.33）	（−0.54）	（2.33）	（2.33）
股权集中度	−0.011*	−0.024*	−0.008***	−0.008***
	（−1.77）	（−1.95）	（−2.85）	（−2.85）

变量	特殊功能类国企 (1)	特殊功能类国企 (2)	商业竞争类国企 (3)	商业竞争类国企 (4)
	公司违规	违规数量	公司违规	违规数量
两职合一	−0.870**	−1.585**	0.084	0.084
	(−2.19)	(−2.03)	(0.82)	(0.82)
股权制衡度	−0.005	−0.011	−0.001	−0.001
	(−0.79)	(−0.88)	(−0.29)	(−0.29)
独董规模	−2.225	−4.425	−0.836	−0.836
	(−1.28)	(−1.35)	(−1.47)	(−1.47)
管理层持股	−1.145	−6.475	1.008	1.008
	(−0.05)	(−0.15)	(1.04)	(1.04)
公司成长性	0.185	0.311	0.098	0.098
	(1.52)	(1.28)	(1.54)	(1.54)
公司年龄	−0.006	−0.025	−0.001	−0.001
	(−0.37)	(−0.64)	(−0.08)	(−0.08)
常数项	3.291**	6.066**	1.993**	1.993**
	(2.23)	(2.05)	(2.46)	(2.46)
观测值	658	658	3949	3949
拟合优度	0.166	0.188	0.052	0.052
行业固定效应	是	是	是	是
年度固定效应	是	是	是	是

注：括号内为稳健性 z 值并经过公司层面的 Cluster 调整。***、**、*分别代表在1%、5%和10%的水平上显著。

4.5 进一步讨论

通过上文讨论，我们验证了国有企业反薪酬黏性现象会增加商业竞争类公司违规的概率，下面进一步讨论内外部治理环境的调节作用。

4.5.1 外部监督治理的约束作用

反薪酬黏性对公司违规行为的影响本质上是高管的代理行为。根据"舞弊三角理论"，公司违规发生的原因由动机、机会和自我合理化三大要素组成（卜君和孙光国，2020）。违规行为的发生除了受到违规动机的影响，还受违规操作机会影响。当公司面临的监管加强时，高管的私利行为可能受到监督抑制，违规机会较小。本章从外部监督和内部治理两部分考虑对公司高管的监督治理。

1. 是否引入"四大"审计

现有研究普遍认为国际"四大"会计师事务所审计质量较高，其规模更大，有较高的专业性和独立性，有更强的赔偿能力，所面临的诉讼风险也更高，因此出于自身声誉和品牌，也更愿意提高审计监督和服务的质量。现有文献发现，高水平的审计师能够有效发挥公司治理的功能，提供更好的监督（法恩和王，2005；白重恩等，2005；格拉瓦等，2014）。如国际"四大"审计对公司管理层正向盈余有显著的抑制作用（林永坚和王志强，2013），还可以通过缓解经理人的代理问题来减少公司的费用黏性（梁上坤等，2015），也有文献发现，经过"四大"审计的公司更少出现违规等不良情况（德丰和贾姆巴尔沃，1993）。

因此可以预期，在引入"四大"审计的公司中，管理层受到的监督更强，违规空间更小，反薪酬黏性对公司违规的影响可能受到抑制。我们将样本以是否引入"四大"审计进行分组，回归检验结果见表4-9第（1）、（2）列所列，在引入"四大"审计的公司中，反薪酬黏性对公司违规的影响不显著，而在未引入"四大"审计的公司中，反薪酬黏性对公司违规的影响显著为正。说明引入"四大"审计的公司，能够发挥外部治理的功能，对公司违规行为有制约作用。

2. 是否交叉上市

已有的理论研究表明，企业跨境交叉上市相当于引进了一个新的外部治理机制，有利于提升公司信息披露质量（沈红波等，2009；孔宁宁等，2009）。约束假说认为交叉上市的公司进入更加成熟的证券市场，会受到双重监管，可以使企业提供更加透明的财务报告，也能有效抑制管理层和控股股东攫取私利的行为，降低代理成本（科菲，1999；里斯和韦尔斯巴赫，2002；多伊奇等，2004；萨尔基相和席尔，2004）。由此，我们预期管理层薪酬契约激励不足的情况下，其在交叉上市的公司中受到的监管更强，违规的操纵空间有限，反薪酬黏性现象对公司违规的影响更多体现在非交叉上市的公司中。

我们将样本分为交叉上市组和非交叉上市组，实证检验结果见表4-9中第（3）、（4）列所列，反薪酬黏性变量的系数在交叉上市的组中不显著，在非交叉上市组中显著为正，说明高管薪酬激励不足引起的违规行为在交叉上市的公司中受到制约。

3. 分析师关注的监督效应

众多文献发现分析师跟踪是一种外部治理机制，能够缓解两权分离下的代理问题，提高公司信息披露质量（詹森和迈克林，1976；郑建明等，2015）。分析师能通过信息的传递，降低公司与投资者之间的信息不对称（李春涛等，2014）。李春涛等（2014）认为，分析师成为监管力量的原因主要有三个方面。第一，分析师具有监管的能力，与一般的投资者相比，分析师往往具有较强的专业知识背景，如会计学和金融学等专业知识，能够对公司的财务报表进行专业的解读和挖掘。第二，分析师的跟踪是长期和持续的过程，会对公司经理人的举动和财务报表中的异常情况进行实时更新。这种实时、长期持续的监督可能比股东大会、董事会或外部审计等偶发监督更为有效。第三，分析师的受众广泛，包括债权人、投资者、潜在投资者、管理层以及监管者等，不易受到单一利益集团的操控。因此，在分析师跟踪较多的企业里，管理层受到的监督较强，在薪酬契约无效时，管理层通过违规获得私有收益的行为也可能受到抑制。我们预期反薪酬黏性导致的企业违规行为更多体现在分析师跟踪较少的企业中。

参照现有文献做法（李春涛等，2014；郑建明等，2015），我们用分析师跟踪人数来度量分析师关注度，具体按照其中位数进行分组，大于中位数的为分析师关注度高的组，小于中位数为分析师关注度低的组。回归检验结果见表4-10中第（1）、（2）列所列，国有企业反薪酬黏性现象对公司违规的影响更多体现在分析师关注度较低的企业里。说明在分析师关注较高的组中，管理层出于私利或推诿懈怠引起的违规行为受到了抑制，分析师具有监督治理作用。

4. 市场化程度

市场化水平反映了一个地区社会经济、法律及政治体制的综合情况。樊纲等（2011）指出，我国市场化进程取得了很大成功，但是各个地区之间的发展程度呈现出显著的不平衡性。市场化程度越高的地区，更利于社会中介组织和法律对公司管理层实施监督。如中小股东的利益可能更容易受到保护、管理层薪酬业绩敏感性更高、机构投资者作用更强（夏立军，2005；辛清泉等，2009；伊志宏等，2011）。公司所在地区的市场化程度越低，其法治化水平相对越差，由于中介组织和法律的约束机制有限，管理层进行私利的行为会更加严重；而市场化程度较高的地区，法治化水平通常也较高，监督机制和公司治理机制相对完善，对管理层的机会主义行为能够形成有效的监督与约束（杨兴全等，2018）。基于此，当高管薪酬出现反黏性现象时，好的市场化环境会对高管的私利行为进行监督和约束，我们预期反黏性现象对违规的影响更多体现在市场化程度较低的地区。

参照现有文献，我们用王小鲁等（2017）报告的各地区市场化指数进行分组，市场化指数大于中位数的为市场化程度高的组，低于中位数为市场化程度低的组。我们分别对两组数据进行回归检验，结果见表4-10中第（3）、（4）列所列，高管反薪酬黏性对公司违规的影响在市场化程度高的组不显著，在市场化程度低的组显著为正，说明市场化环境高的地区法治水平较高，对高管的行为有监督治理作用。

表4-9　外部监督治理一

变量	四大	非四大	交叉上市	非交叉上市
	（1）	（2）	（3）	（4）
	公司违规	公司违规	公司违规	公司违规
反薪酬黏性	−0.013	0.150**	−0.040	0.153***
	（−0.06）	（2.50）	（−0.20）	（2.58）
总资产收益率	−0.625	−2.733***	−3.826*	−2.522***
	（−0.28）	（−3.46）	（−1.95）	（−3.09）
公司规模	0.191	−0.076**	−0.074	−0.070**
	（1.45）	（−2.09）	（−0.81）	（−1.97）
资产负债率	0.055	0.528**	−0.490	0.658***
	（0.06）	（2.39）	（−0.78）	（2.89）
股权集中度	−0.011	−0.007**	−0.008	−0.007**
	（−1.11）	（−2.38）	（−1.15）	（−2.30）
两职合一	0.767*	0.067	0.363	0.071
	（1.92）	（0.67）	（1.17）	（0.71）
股权制衡度	0.001	0.001	−0.004	0.002
	（0.15）	（0.33）	（−0.53）	（0.51）
独董规模	−5.667**	−1.006*	−1.867	−1.159*
	（−2.31）	（−1.68）	（−1.32）	（−1.94）

续表

变量	四大	非四大	交叉上市	非交叉上市
	（1）	（2）	（3）	（4）
	公司违规	公司违规	公司违规	公司违规
管理层持股	−30.596	0.712	−20.729	0.822
	（−1.13）	（0.68）	（−1.32）	（0.78）
公司成长性	−0.448	0.113*	0.504**	0.087
	（−1.25）	（1.67）	（2.29）	（1.26）
公司年龄	0.001	−0.003	−0.021	−0.001
	（0.05）	（−0.36）	（−0.90）	（−0.08）
常数项	−4.669*	1.174	1.940	0.935
	（−1.69）	（1.42）	（0.87）	（1.15）
观测值	373	4005	517	3973
拟合优度	0.210	0.036	0.086	0.039
行业固定效应	是	是	是	是
年度固定效应	是	是	是	是

注：括号内为稳健性 z 值并经过公司层面的 Cluster 调整。***、**、*分别代表在1%、5%和10%的水平上显著。

表4-10　外部监督治理二

变量	分析师关注度高	分析师关注度低	市场化程度高	市场化程度低
	（1）	（2）	（3）	（4）
	公司违规	公司违规	公司违规	公司违规
反薪酬黏性	0.093	0.216**	0.022	0.193***
	（1.24）	（2.55）	（0.23）	（2.83）
总资产收益率	−1.673*	−3.644***	−0.820	−4.000***
	（−1.68）	（−3.43）	（−0.56）	（−3.59）
公司规模	−0.106***	−0.059	−0.114**	−0.094**
	（−2.77）	（−0.96）	（−2.23）	（−2.43）
资产负债率	0.814***	0.351	0.434	0.447*
	（2.85）	（1.16）	（1.15）	（1.74）

续表

变量	分析师关注度高 (1) 公司违规	分析师关注度低 (2) 公司违规	市场化程度高 (3) 公司违规	市场化程度低 (4) 公司违规
股权集中度	−0.006*	−0.009**	−0.013***	−0.005
	(−1.81)	(−2.34)	(−3.15)	(−1.46)
两职合一	0.189	−0.100	0.012	0.026
	(1.55)	(−0.68)	(0.07)	(0.22)
股权制衡度	−0.000	−0.003	−0.004	−0.000
	(−0.08)	(−0.56)	(−0.82)	(−0.14)
独董规模	−1.684**	−0.119	−1.022	−0.660
	(−2.49)	(−0.14)	(−1.03)	(−1.01)
管理层持股	0.669	2.563	0.160	1.089
	(0.63)	(0.79)	(0.13)	(0.72)
公司成长性	0.057	0.261**	0.329***	0.014
	(0.69)	(2.38)	(3.29)	(0.19)
公司年龄	−0.008	−0.002	0.002	−0.002
	(−0.84)	(−0.13)	(0.13)	(−0.18)
常数项	2.110**	−0.007	2.025*	1.323
	(2.40)	(−0.01)	(1.80)	(1.64)
观测值	2933	1573	1603	2854
拟合优度	0.041	0.053	0.064	0.040
行业固定效应	是	是	是	是
年度固定效应	是	是	是	是

注：括号内为稳健性z值并经过公司层面的Cluster调整。***、**、*分别代表在1%、5%和10%的水平上显著。

4.5.2 内部治理的约束作用

1. 管理层权力

芬克尔斯坦（1992）强调管理层权力是企业管理层执行自身意愿的能力。

其直接表现是对自己薪酬的制定有很强的控制力。拜博切克等（2002）指出管理层薪酬设计并不是由董事会完全控制的，在公司内部治理存在缺陷、外部监督约束缺乏时，管理层可以通过自身权力影响薪酬设计并进行寻租。众多研究发现高管控制权与薪酬水平正相关，权力大的国有企业高管存在自定薪酬的现象（王克敏和王志超，2007；吕长江和赵宇恒，2008；吴育辉和吴世农，2010）。管理层权力理论下的相关研究考察了公司并购（傅颀等，2014）、超募融资（赵刚等，2017）等方面的管理层权力如何影响高管薪酬。

管理层权力实际上说明公司内部监督治理机制的缺乏。众多文献表明，管理层权力越大，受到监督越弱（卢锐等，2008；权小锋等，2010），当国有企业由于薪酬管制出现反薪酬黏性现象，即公司高管的薪酬随着公司利润的提高不升反降，此时，高管激励不足。一方面，高管可能由于激励不足导致懈怠和疏于监督等情况，此时管理层权力越大，越可能导致公司出现违规行为；另一方面，激励不足的高管更可能通过其他手段谋取私利，管理层权力越大时，管理层更有动机和能力通过违规操作（如违规买卖股票、操纵股价、改变资金用途、占用公司资产和内幕交易等）获得私有收益。因此我们预期反薪酬黏性对公司违规行为的影响更多体现在管理层权力较大的企业里。

对于管理层权力的度量，参考现有文献（卢锐等，2008；权小锋等2010）的做法，本书将两职合一、CEO任职年限、董事会人数、内部董事的比例，通过主成分分析合成一个指标进行度量。两职合一指公司董事长同时兼任CEO，此时管理层的权力增大；CEO的任职年限越长，其建立的网络和资源等加大了管理层权力；董事会人数越多越难形成统一意见，监督行为也愈加分散，管理层权力越大；内部董事比例越高，外部董事比例越小，受到外部董事监督的可能变小，且内部董事更容易与管理层有利益联系，因此内部董事比例越大，管理层权力越大。因此，合成的主成分变量中，值越大表示管理层权力越大。我们将合成的指标按照其中位数进行分组，大于中位数的为管理层权力较大的组，小于中位数的为管理层权力较小的组。回归检验结果见表4-11中第（1）、（2）列所列，国有企业反薪酬黏性现象对公司违规的影响更多体现在管理层权力较大的企业里，对管理层权力较小的企业则不显著，说明在薪酬激励不能满足高管需求时，管理层利用其自身权力进行违规操纵的可能性越大，且其受到的监督较弱，与我们的设想一致。

2. 内部控制的影响

当内部控制存在缺陷时，难以规范公司的生产流程、难以监督公司经营决策的制定，也难以约束管理层的权力（孟庆斌等，2018）。有效的内部控制可以合理保证公司对法律法规的遵循，使上市公司违规概率更低（单华军，2010；聂琦和刘申涵，2019）。因此，高质量的内部控制可能会抑制反薪酬黏性现象引起的公司违规行为。

具体来说，当高管出现不合理的反薪酬黏性契约时，公司高管激励严重不足。一方面，好的内部控制会让公司流程规范化，当高管出现懈怠等行为时，降低其对公司的影响，进而减少公司出现违规的可能性；另一方面，完善的内部控制会对管理层代理行为进行监督，有一定的约束作用，当高管出现激励不足时，管理层利用其职务便利谋取私利的可能性变小，进而进行违规操纵的可能性减小。因此我们预期反薪酬黏性现象对公司违规行为的影响更多体现在内部控制质量较低的企业里。

参照现有文献（赵息和许宁宁，2013；逯东等，2015；孟庆斌等，2018），本章用迪博内部控制指数衡量公司的内部控制水平，数据来自《DIB内部控制与风险管理数据库》，我们用内部控制指数的中位数进行分组，高于中位数为内部控制质量高的组，低于中位数为内部控制质量低的组。回归检验结果见表4-11中第（3）、（4）列，结果表明，反薪酬黏性现象对违规的影响更多体现在内部控制质量低的组中，而在内控质量高的组中则不显著，说明内控水平对管理层代理问题有缓解作用，能够约束公司的违规行为。

表4-11 内部治理环境的约束效应

变量	管理层权力小 (1) 公司违规	管理层权力大 (2) 公司违规	内部控制质量高 (3) 公司违规	内部控制质量低 (4) 公司违规
反薪酬黏性	0.187	0.292**	0.043	0.210***
	(0.94)	(2.28)	(0.50)	(2.79)
总资产收益率	−5.708	−6.510***	−3.764***	−1.880*
	(−1.50)	(−3.17)	(−2.77)	(−1.66)
公司规模	−0.241**	−0.188***	−0.062	−0.085**
	(−2.41)	(−2.74)	(−1.52)	(−2.04)
资产负债率	0.656	0.955**	0.064	0.650***
	(0.92)	(2.17)	(0.19)	(2.62)

变量	管理层权力小 （1） 公司违规	管理层权力大 （2） 公司违规	内部控制质量高 （3） 公司违规	内部控制质量低 （4） 公司违规
股权集中度	−0.027***	−0.008	−0.007**	−0.007**
	（−3.20）	（−1.35）	（−2.03）	（−2.22）
两职合一	−0.517	0.257	0.044	0.001
	（−1.40）	（1.24）	（0.31）	（0.01）
股权制衡度	−0.025**	0.004	−0.004	−0.000
	（−2.48）	（0.56）	（−1.05）	（−0.03）
独董规模	−3.365*	0.160	−1.174*	−0.715
	（−1.95）	（0.11）	（−1.66）	（−0.96）
管理层持股	−0.880	1.457	1.354	−0.027
	（−0.36）	（0.70）	（1.17）	（−0.02）
公司成长性	0.316*	0.106	0.218***	0.030
	（1.91）	（0.74）	（2.78）	（0.35）
公司年龄	0.021	−0.025	−0.000	−0.005
	（0.86）	（−1.28）	（−0.03）	（−0.46）
常数项	5.336**	2.024	1.509	0.980
	（2.54）	（1.34）	（1.59）	（1.11）
观测值	1301	2871	2221	2251
拟合优度	0.105	0.037	0.052	0.031
行业固定效应	是	是	是	是
年度固定效应	是	是	是	是

注：括号内为稳健性z值并经过公司层面的Cluster调整。***、**、*分别代表在1%、5%和10%的水平上显著。

4.6　小结与启示

本章探讨国有企业中业绩增加而薪酬不增反降的"反薪酬黏性"现象与替代性激励的关系。实证检验发现，国有企业高管的反薪酬黏性现象会导致公司违规概率的增加。区分国有企业商业竞争类质，发现这种违规概率的增加主要体现在商业竞争类国企中，对特殊功能类国企的影响则不显著；进一步分析公司内外部治理环境的影响，发现在公司内部监督治理环境较弱（内部控制弱、管理层权力大）和外部监督治理较弱（非四大审计、非交叉上市、分析师关注少、市场化程度低）的情况下，反薪酬黏性对公司违规的影响更为显著，而公司内外部监督治理较好时，反薪酬黏性对公司违规的影响不显著，说明监督治理机制对高管的私利行为进行了抑制。本章的研究结果从企业分类的角度拓展了高管激励影响企业违规行为的相关研究。

　　近年来，我国上市公司违规现象频发。违规事件增加了资本市场的不稳定性，打击了投资者的积极性，损害了股东利益。由此，如何约束上市公司违规行为，保护资本市场中各个参与主体的利益显得至关重要。本章从公司违规行为的角度探讨了企业反薪酬黏性现象的不良后果，结论有如下启示：其一，高管的薪酬激励在公司经营中至关重要，薪酬管制导致的激励不足可能会损害高管工作的积极性，我们应重视高管薪酬契约的有效性，设计良好的薪酬机制保证高管工作的努力程度；其二，公司违规行为受到内外部监督治理机制的影响，缓解代理问题，可以从良好的外部环境中寻求监管；另外应加强企业自身内部监督治理，如加强内部控制制度的建立和完善，减弱管理层权力。本章的结论对上市公司和监管机构治理和防范公司违规具有政策借鉴意义。

05

非国有股东治理与国企高管反薪酬黏性

5.1 引言

本书第三章发现了反薪酬黏性现象并设计指标进行检验，说明了反薪酬黏性现象的来源和对公司绩效的整体影响，第四章进一步从替代性激励的角度探讨了反薪酬黏性现象的后果。以上发现国有企业薪酬管制下的反薪酬黏性现象会导致高管的激励不足，引起更严重的委托代理问题，造成企业绩效的损害和商业竞争类企业违规行为的增加。那么，如何能抑制国有企业的反薪酬黏性现象？混合所有制改革试图引进非国有股东积极参与公司治理，以提高治理质量，非国有股东参与治理是否能抑制国有企业高管薪酬不合理现象，改善薪酬契约？本章进行进一步研究。

混合所有制改革是我国经济体制改革的重要举措。近年来，混合所有制发展受到中央高度重视，在2021年3月发布的《中华人民共和国国民经济和社会发展第十四个五年规划和2035年远景目标纲要》中，也特别强调要深化国有企业混合所有制改革。混合所有制改革对发挥国有经济战略支撑作用进而实现国家经济高质量发展具有重要作用，对建设社会主义现代化强国亦有不可忽视的战略意义（何瑛和杨琳，2021）。

混合所有制改革试图通过引进非国有资本参与公司治理，以提高国有企业的治理水平、完善治理机制。在引进非国有股东后，外资或民营经济主体获得了国有企业一定的股权，为保障自身利益不受损，将会完善经理人的激励和约束机制，以减少经理人私利行为的同时保障其工作的努力程度（麦金森和内特，2001；古普塔，2005；蔡贵龙等，2018b）。通过文献研究发现混合所有制改革中引入民营资本有积极作用，如有文献认为国有企业中引进民营股东，可以打破国有企业在某些行业中的垄断地位，促进资源的公平分配，保障各经济实体混合发展，还可以实现国有资本保值和增值，提升国有企业运营效率（黄速建，2014；郑志刚，2015）、降低政策性负担（廖冠民和沈红波，2014），提高创新效率（李文贵和余明桂，2015），最终促进企业绩效提升（刘小玄，2004；马连福等，2015；郝阳和龚六堂，2017；麦金森等，1994）。此外，部分研究认为非国有股东参与治理可以完善国企公司治理机制，如提高国企内部控制质量（刘运国等，2016）、提高会计信息质量（曾诗韵等，2017）等方面。但非国有股东参与治理对国有企业薪酬契约影响的文献较少，仅有蔡贵龙等（2018b）发现非国有股东治理能够提高国企高管的薪酬业绩敏感性。

具体到本书的研究中，非国有股东治理是否能改善国有企业高管反薪酬黏性现象？根据前文的分析，高管的反薪酬黏性现象是指在限薪政策下，国有企业出现的企业业绩上升时高管薪酬不升反降的现象。此时高管薪酬与业绩不相关，会导致高管激励不足，引起更严重的代理问题，如前文分析，会导致企业未来绩效的降低和公司违规概率的升高。长期以来，良好的薪酬契约设计是能保障经理人在达到公司价值最大化的同时获取自己收益的最大化，即能保证经理人目标和股东目标的一致性。对非国有股东而言，国有企业的高管，既要有监督作用，防止其攫取私利、损害公司价值的"内部人控制"行为，也要设计良好的薪酬激励机制，提高高管工作的积极性，增加公司的价值。非国有股东对薪酬契约的治理作用不只是对高管薪酬黏性、超额薪酬等现象进行监督治理，对高管薪酬激励不足的反薪酬黏性现象也要进行抑制，才能保障高管工作的积极性。此外，非国有股东对公司治理的改善作用可能体现在对高管私利行为的监督治理上，因此，反薪酬黏性现象所引起的高管私利行为可能受到抑制，对反薪酬黏性引起的不良后果可能有改善作用。

对非国有股东发挥治理作用的途径，一些研究发现，国有企业民营化只要进行所有权转移就可能提高企业绩效（武常歧和张林，2014；王甄和胡军，2016）。但多数学者认为只转让股权，而不转让控制权，混改可能成了只"混"不"改"。非国有股东在企业决策中如果缺乏话语权，可能难以达到治理效果。因为持有股份只是非国有股东的初级治理参与形式，并不一定保证非国有股东的治理参与能力有实质性影响力。大量研究发现，拥有董事会权力能够为非国有股东"发声"提供条件，原因在于，其一，进入董事会可以获得公司内部信息，提高决策的有效性；其二，拥有董事会席位可以直接参与公司重要生产经营活动，并有一定的投票权力（赫尔曼林和韦尔斯巴赫，2001；蔡贵龙等，2018b；逯东等；2019）。基于此，本章主要从非国有股东是否有董事会权力的角度探讨非国有股东对于反薪酬黏性的治理作用，并对比了股权维度的治理效果。

本章利用手工搜集2010—2017年国有企业上市公司非国有股东委派董事和股权的数据，探讨非国有股东参与公司治理对国企高管"反薪酬黏性现象"的治理作用。首先，我们构建了非国有股东持股和董事会权力方面的变量，探讨两种方式的非国有股东治理对高管"反薪酬黏性"现象是否有抑制作用以及两个维度的影响差别，其次我们讨论了在特殊功能类国有企业和商业竞争类国有企业的区别，并探讨市场化程度的影响。最后，我们分析非国有股东治理对反薪酬黏性引起的不良后果的改善作用。实证结果发现：（1）非国有股东参与治理与国有企业高管反薪酬黏性现象负相关，相比于持股的影响，非国有股东拥有董事会权力时更能显著改善公司高管的不合理薪酬现象；（2）非国有股东对高管反薪酬黏性现象的抑制作用在商业竞争类国有企业中更加显著，在特殊功能类国企中则不明显；（3）从市场化程度来看，非国有股东治理在市场化程度低的地区更能发挥作用；（4）进一步研究发现，非国有股东治理对反薪酬黏性现象引起的不良后果有改善作用，类似于监督机制，会降低反薪酬黏性对国有企业未来绩效的负面影响和对违规行为的影响。

相比于现有文献，本章的贡献主要有以下几点。

第一，丰富和拓展了混合所有制改革经济后果的相关文献。现有研究普遍证明了混合所有制改革中引进非国有股东参与公司治理有积极的作用，如提高国企内部控制质量、提高会计信息质量、提高创新效率、提高薪酬业绩敏感性等（刘运国等，2016；李文贵和余明桂，2015；曾诗韵等，2017；蔡贵龙等，2018b），最终在整体上提升国有企业绩效（麦金森等，1994；刘小玄，2004；李广子和刘力，2010；马连福等，2015；郝阳和龚六堂，2017）。而本章研究发现引入非国有股东治理，能够抑制国有企业反薪酬黏性现象，也能对反薪酬黏性现象引起的不良后果有治理作用，以此扩展了混合所有制改革经济后果的相关研究。

第二，丰富和拓展了非国有股东治理对高管薪酬激励影响的相关研究；现有关于混改的文献十分丰富，但非国有股东治理影响高管薪酬契约的文献还比较少，仅有文献从薪酬业绩敏感性的角度提供证据（蔡贵龙等，2018b）。本章基于国有企业高管"反薪酬黏性"现象，探究非国有股东治理对于激励不足型薪酬契约的改善作用，丰富和拓展了非国有股东治理对高管薪酬激励影响的研究。

第三，拓展和丰富了高管薪酬契约影响因素的文献。现有文献主要从管理层权力和控股股东层面研究对高管薪酬业绩敏感性的影响（杜兴强和王丽华，2007；方军雄，2009，2011，2012；权小锋等，2010；辛清泉和谭伟强，2009），本章则探究了非国有股东参与公司治理对高管薪酬不合理契约的影响，拓展了高管薪酬契约影响因素的相关文献。

本章的实践意义在于，混合所有制改革对发挥国有经济战略支撑，进而实现国家经济高质量发展具有重要作用。在与民营企业机制融合的基础上最终在治理机制、运营机制、激励分配机制与用人机制建设中取得实质性进展，真正激发国有企业带动经济发展的活力。在此背景下，本书研究混合所有制改革中非国有资本对薪酬激励机制和公司治理机制的作用有重要意义。

本章第二部分基于混合所有制改革的背景进行相关的理论分析，并提出本章的假设；第三部分为研究设计，包括数据及模型、描述性分析和分组统计等；第四部分为实证结果和分析，包括对主假设的检验以及稳健性分析、国企分类和市场化程度的探讨；第五部分为进一步分析，分析非国有股东治理对反薪酬黏性引起的未来绩效和公司违规的调节作用；最后是结论和启示部分。

5.2 理论分析与研究假设

5.2.1 混合所有制改革背景

1. 混合所有制改革重要性

混合所有制改革是我国经济体制改革的重要举措，也是国有企业与国有资本改革的关键抓手，对发挥国有经济战略支撑作用，实现国家经济高质量发展具有重要作用（何瑛和杨琳，2021）。近年来，混合所有制发展受到中央高度重视，2013年，中共十八届三中全会通过的《中共中央关于全面深化改革若干重大问题的决定》，明确提出"积极发展混合所有制经济"。2016年，习近平总书记在全国国有企业党的建设工作会议上强调，要使国有企业成为党和国家最可信赖的依靠力量。2018年，习近平总书记在中央经济工作会议上强调"积极推进混合所有制改革"。在2021年3月发布的《中华人民共和国国民经济和社会发展第十四个五年规划和2035年远景目标纲要》中，也特别强调要深化国有企业混合所有制改革。对混合所有制企业探索实行有别于国有独资、全资公司的治理机制和监管制度（何瑛和杨琳，2021）。

在宏观层面而言，混合所有制是指我国经济体中所有制成分的非单一性，即在以公有制经济为主体的前提下形成公有制经济与私有制经济并存的基本格局；就微观层面而言，混合所有制是指企业投资主体所有权性质的非单一性，即产权结构呈现国有资本、民营资本、外资资本相互交融的态势。混合所有制改革在国有企业中形成了一种更具兼容性的所有权运行制度安排，一方面借助非公有制活力促使市场机制在国有企业中发挥积极作用；另一方面在打开国企改革突破口的同时推动了优化非公有制经济发展环境的增量改革，对于充分发挥多元经济成分比较优势，合理配置社会资源具有重要意义。

2. 混合所有制改革大致历程

国有企业和民营企业是参与混合所有制改革的关键主体，因此国有企业混合所有制改革演进历程在时间轴上亦与经济体制变迁、国有企业改革、民营企业发展的步调高度一致，整体可划分为"形式"混合、"资本"混合、"产权"混合与"机制"混合四个阶段（何瑛和杨琳，2021）。

1）"形式"混合阶段：1978—1992年

第一阶段为国企放权让利和民企开始诞生阶段，党的十一届三中全会拉开了改革开放的序幕，我国经济体制由完全排斥市场调节的"计划经济"发展进入计划与市场内在统一的"商品经济"，作为当时代表我国绝大部分生产力的国有企业，存在"政企不分，社企不分"，以致缺乏积极性、创造性与主动性，党和国家立足该现状对国有企业开启了以调动管理者积极性为核心的"放权让利"改革，侧重于推动所有权与经营权相分离，扩大国有企业自主经营权，使其成为独立利益主体，以此调动企业与职工积极性。随着高度集中的传统计划经济体制逐步打开缺口，国家在经济建设领域逐渐解放思想并开始承认私有经济的合法性，允许其作为社会主义公有制经济的有益补充存在和发展，民营企业也开始在逐步放宽的管制环境中破土诞生，致使我国所有制结构呈现"公有制为主体、多种经济成分并存"的格局，计划经济体制下所有制单一和相互分割的封闭式结构矛盾有所缓解。随着生产要素开始在不同所有制之间碰撞流转，公有制经济和非公有制经济利益交叉逐渐频繁，不同产权制度自身比较优势在这个过程中也开始逐步凸显，实践中表现为国有企业和集体企业开始与民营企业和外资企业进行合资经营且合作日益频繁，混合所有制雏形基本显现，但由于初期的混合所有制改革在理论上还存在"社会主义范畴"与"资本主义范畴"的意识形态争论，不同所有制深度融合受阻，整体上仍然属于"形式"混合阶段。

2）"资本"混合阶段：1992—2003年

党的十四大报告明确提出我国经济体制改革的目标是建立社会主义市场经济体制，理论界与产业界对社会主义的认识从计划经济的思想桎梏中彻底解脱出来，经济体制改革侧重于建立与我国社会主义市场经济体制相适应的市场竞争环境，对国有企业进行"抓大放小"的战略性改组。民营企业发展的政策环境在经济体制变迁影响下也愈发宽松，民营经济发展也进入快速成长期。在国企大刀阔斧改革与民企快速成长的同时，党的十四届三中全会首次提出了"财产混合所有"的概念，市场经济条件下以股份制为特征的混合所有制经济发展成为必然趋势。混合所有制改革自此进入快速发展的"黄金十年"，然而这一阶段混合所有制改革中多元资本的协同优势尚未充分体现，国企和民企协同机制较弱，混合所有制改革政策效果重点表现为股权结构实现多元化，整体属于"资本"混合阶段。

3）产权混合阶段：2003—2013年

这一阶段的特点是，国企监管改革、民企壮大"与"产权"混合阶段。

党的十六届三中全会对建立完善的市场经济体制进行了全面部署，指出要在更大程度上发挥市场在资源配置中的基础性作用。宪法明确了"公有制为主体、多种所有制经济共同发展"为社会主义基本经济制度，"鼓励、支持和引导非公有制经济发展"的政策导向进一步巩固了民营企业在我国经济体系中的地位。而国有企业改革重点则随着国有资产监督管理委员会的成立转向监管改革，在"防止国有资产流失，促进国有资产保值增值"的原则指导下，混合所有制改革进入成长跨越之后的调整完善期。尽管实践中存在种种问题，在"产权"混合阶段混合所有制企业的数量和质量仍在不断提升，且经过持续调整完善后，混合所有制改革也不再简单停留于"资本"混合实现股权结构多元化上，而是更注重混合所有的产权结构能否发挥提高企业效率的积极作用，整体属于"产权"混合阶段。

4）混"机制"阶段：2013年至今

党的十八届三中全会确立了全面深化改革的总体精神，经济体制改革进入攻坚期，国有企业亦进入"全面深化改革"的纵深推进期，中央出台了一系列关于国资国企改革的"1+N"政策文件，加速推进"以管资本为主"的国资监管转型和"积极发展混合所有制经济"促使国有企业转化经营机制均是国企改革"四梁八柱"体系中的主攻方向。党的十八届三中全会指出公有制经济和非公有制经济都是社会主义市场经济的重要组成部分，"竞争中性"频繁出现在党和国家的政策文件中，民营经济能否在良好的营商环境中发展受到国家史无前例的重视，更鼓励民企积极融入国家战略，在供给侧结构性改革中着力提高发展质量，在混合所有制改革中积极与国有资本结合，以"混"消除产权差异，以"合"提高竞争优势。随着混合所有制作为"社会主义基本经济制度重要实现形式"的战略地位得以确立，"6+1试点"、"双百行动""两类公司""三年行动"等一系列针对性改革方案标志着混合所有制改革进入深化加速的新周期，开始注重引入高匹配度、高协调性、高认同感的战略投资者参与治理，旨在通过产权混合推动多维机制建设，理顺党组会、股东会、董事会及经理层权责关系并积极完善法人治理机制，落实劳动、人事、分配制度改革并深度转化市场化经营机制，实施薪酬激励与股权激励相结合的差异化员工激励分配机制，推行"市场化选聘、市场化退出"和"薪酬能增能减、职务能上能下"的选人用人机制，旨在基于多维机制建设真正实现多元产权协同效应，这也标志着混合所有制改革重心从"混资本"、"混产权"转为"改机制"，整体属于"机制"混合阶段。

从近年混合所有制改革的文件梳理来看，从2015年国务院发布《国务院关于国有企业发展混合所有制经济的意见》纲领性文件，到2016年出台《关于国有控股混合所有制企业开展员工持股试点的意见》等专项政策为混改中员工持股等专项工作提出指引，再到2018年颁布《中央企业混合所有制改革操作指引》对"混资本"和"改机制"的相关要点进行界定，都标志着混合所有制改革已从"混资本""混产权"进入"改机制"阶段。

在当前混合所有制改革进入"混机制"时期，强调非国有资本的治理作用有重要的意义，基于此，本文从混改过程是否能改善薪酬激励机制和公司治理机制出发，探讨混改中非国有股东发挥治理作用的机制，为当前"混机制"的改革提供参考。

5.2.2　非国有股东治理与国有企业高管反薪酬黏性

混合所有制改革在引进非国有股东后，外资或民营经济主体获得了国有企业一定的股权，为保障自身利益不受损，将会完善经理人的激励和约束机制，减少经理人私利行为的同时保障其工作的努力程度（麦金森和内特，2001；古普塔，2005；蔡贵龙等，2018b）。在国有企业"所有者缺位"、较强的"内部人控制"等制度缺陷情况下（卢锐等，2011），非国有资本为保障自身的利益不受损，会有更强的动机进行监督和参与公司治理。

具体到国有企业的薪酬现状，由于两次"限薪令"政策的实施，导致国企出现高管的薪酬不与业绩挂钩，甚至企业业绩上升时高管薪酬不增反降的反薪酬黏性现象。反薪酬黏性现象扭曲了薪酬契约的有效性，导致对高管的激励不足。对非国有股东而言，积极参与公司治理，既要对国有企业的高管进行更好的监督，防止其攫取私利、损害公司价值的行为，也要设计良好的薪酬激励机制，保障高管工作的努力程度和积极性，增加公司的价值（蔡贵龙等，2018b）。不只是对高管薪酬黏性的现象进行监督治理，对高管薪酬激励不足的反薪酬黏性现象也要进行抑制，才能保证高管工作的积极性。

对非国有股东发挥治理作用的途径上。股权结构对公司治理有重要影响（施莱弗和维什尼，1997），股东可以通过股东大会对公司的重大经营决策进行投票。董事会是最重要的公司经营决策和监督治理机构，股东可以通过委派董事参与公司日常经营决策。一些研究发现，国有企业民营化只要进行所有权转移就可以提高企业绩效（武常歧和张林，2014；王甄和胡军，2016）。但大多数学者认为若是只转让股权，而不转让控制权，那么非国有股东在企业决策中可能因缺乏话语权而难以发挥相应的治理作用，则混改成了"只混不改"，并不能达到改革想要的效果。因为持有股份只是非国有股东的初级治理参与形式，并不一定保证非国有股东的治理参与能有实质性影响力。在实践中，相较于单纯持股，拥有董事会席位能够更为直接且有效地为非国有股东"发声"提供保障（赫尔曼林和韦尔斯巴赫，2001）。结合理论和实践来看，其原因可归结为以下两个方面：首先，董事会席位赋予非国有股东直接参与公司重要生产经营活动相关事项决策过程并投票的能力，即直接进行治理参与的渠道。其次，拥有董事会席位还意味着非国有股东可以获取额外的公司内部信息，使得非国有股东的决策参与行为表现出较高的有效性。对此，部分研究已发现，相比单纯的非国有股东持股，只有当非国有股东拥有董事会席位时，才可以显著提升国企高管的薪酬业绩敏感性（蔡贵龙等，2018b）、国企内控质量（刘运国等，2016）以及会计信息质量（曾诗韵等，2017）。因此，本章主要从非国有股东是否有董事会权力的角度探讨非国有股东的治理效应，并将股权的治理作用作为对比。

具体而言，非国有股东参与治理可能从以下几方面影响国有企业高管反薪酬黏性。其一，非国有股东的逐利天性导致其有强烈的动机完善公司治理，在对公司高管代理行为进行监督的同时，也会设计有效的薪酬契约以保障高管的努力程度，以实现公司价值最大化，从而保障其私有权益最大化。这一定程度上实现了国企的"所有者归位"，能提高公司治理质量。其二，非国有股东通过委派董事或高管能够了解公司真实的内部经营管理活动，降低信息不对称问题，在出现薪酬不合理现象时，能在董事会中提出异议，改善其不合理的程度，降低反薪酬黏性现象出现的概率。其三，非国有股东有董事会席位的国有企业，其公司的混改程度一般较高，市场化程度也相对较高，其拥有市场化选聘高管的可能性增加，而市场化选聘的高管不属于国家强制限薪的范围，因此对限薪政策的执行程度可能较低，进而反薪酬黏性出现的概率较低。基于上述分析，我们提出假设H5-1。

假设H5-1：在其他条件不变时，非国有股东参与公司治理会降低国有企业反薪酬黏性现象出现的概率。

5.2.3 非国有股东参与治理对特殊功能类国企和商业竞争类国企的区别

在实施民营化后，个人或民营经济主体获得了企业一定的所有权，将有动力完善管理者监督和激励机制，以促使管理者减少机会主义行为的同时保障其工作的努力程度（麦金森和内特，2001；古普塔，2005；蔡贵龙等，2018b）。然而这种治理作用的发挥受到多种因素的影响，比较典型的是行业商业竞争类型的影响。由于行业壁垒、价格管制与政府补贴的存在，市场竞争对处于特殊功能类行业和商业竞争类行业的影响不尽相同。因此，非国有股东参与治理对在商业竞争类和特殊功能类行业的国企可能会有不同的效果。

具体地，对于特殊功能类国有企业，其属于基础性行业或支柱性产业。一般而言，非国有资本很难进入特殊功能类国有企业，即使进入，其影响也相对较小。大多民营资本进入特殊功能类国有企业的目的是高收益和稳定性，由于特征行业地位能够保障企业获得稳定的利润，非国有资本对企业的治理动机较弱（刘运国等，2016）。而对商业竞争类国有企业而言，非国有资本进入门槛较低，非国有股东更易获得董事会席位（蔡贵龙等，2018b），其参与公司治理的机会也较大。另外，商业竞争类国有企业有较大的市场压力，为了保障自身收益，非国有资本有动机参与公司的经营治理等决策。对非国有股东而言，商业竞争类国企，既要监督高管，防止其攫取私利、损害公司价值的行为，又要设计良好的薪酬激励机制，保障高管工作的努力程度和积极性，增加公司的价值。高管的反薪酬黏性现象会损害公司高管的积极性，造成激励不足，因此，在商业竞争类国有企业中，非国有股东参与治理更可能抑制高管的反薪酬黏性现象。由此我们提出假设H5-2。

假设H5-2：在其他条件不变时，非国有股东参与治理能显著抑制商业竞争类国有企业的反薪酬黏性现象，对特殊功能类国有企业的影响则不显著。

5.2.4　市场化程度的影响

企业外部的市场化程度也会对非国有股东监督治理的效果产生影响。众多文献研究发现市场化程度越高的地区，企业信息更加透明，更利于社会中介组织和法律对公司管理层实施监督。在市场化或者法制水平高的地区，能对管理层的机会主义行为形成有效的监督与约束（杨兴全和尹兴强，2018），中小股东利益更不容易受到大股东的侵害（夏立军等，2005）。而在市场化程度低的地区，其法治化水平相对较差，对投资者的保护机制相对较弱，中小股东的利益相对而言可能更容易受到侵犯（徐细雄和刘星，2013），委托代理问题会更加严重。民营资本一般作为中小股东进入国有企业，有更强的动机对市场化水平较低地区的国企进行监督治理以维护自身的利益。基于此，在法律制度执行力相对薄弱的地区，非国有股东对其薪酬契约的治理作用可能会更强，以保障薪酬契约对于高管激励的有效性，从而增加公司价值以保障其自身收益。由此，本书提出假设H5-3。

假设H5-3：在其他条件不变时，相比市场化程度高的地区，非国有股东参与治理能显著抑制市场化程度低的地区国有企业高管的反薪酬黏性现象。

5.3　研究设计

5.3.1　样本与数据

1. 非国有股东参与治理数据

我们从非国有股东拥有董事会席位和持股的数据来度量非国有股东参与公司治理的程度。

首先，关于委派董事和高管的数据，如果上市公司的高管在股东单位有兼任职位，我们认为该股东向上市公司委派了一名高管。我们以国泰安数据库中兼任数据为基础，对照上市公司年报数据，得到上市公司高管和董事具体兼任单位数据，手动匹配上市公司中前十大股东的名称和性质，如果年报披露的高管或董事兼任单位为公司的前十大股东之一，则认为该股东委派了一名高管或董事。

其次，关于非国有股东持股的数据，十大股东股权的数据来源于锐思数据库（RESSET），披露的股东性质有国有、外资和其他，我们定义外资和其他股东为非国有股东。此外，我们考虑股东之间属于一致行动人的关系，如果两个股东属于"一致行动人"，本书参照蔡贵龙等（2018b）的研究方法，将其视作同一个股东，并将他们持有的股份相加，得到最终的第一大非国有股东的数据。

2. 样本区间的选择

我们选择2010—2017年A股国有上市公司为初选样本，为保证数据结果的准确性，我们按照惯例对数据进行以下处理。首先，我们剔除金融行业上市公司；其次，我们将财务数据缺失的公司进行删除；最后，我们剔除被ST或者PT的公司。为剔除极端值的影响，我们对连续变量进行了上下1%的缩尾处理。

5.3.2 模型与变量

我们构建模型（5-1）检验非国有股东治理与高管反薪酬黏性现象的关系。

$$Rev\_stick_t = \delta_0 + \delta_1 Gov\_nsoe_{t-1} + \delta_i \sum Control_{i,t-1} + \varepsilon_4, \qquad (5\text{-}1)$$

其中，被解释变量的定义同上。表示高管是否出现反薪酬黏性现象，解释变量表示混合所有制改革中非国有股东参与公司治理的程度，具体包括：（1）非国有股东董事会权力的变量，包括前十大股东中全部非国有股东委派的董事比例，非国有股东是否委派董事虚拟变量，若非国有股东委派了董事为1，否则为0。稳健性检验中，我们还用了非国有股东是否委派董监高的虚拟变量，和委派董监高比例作为替代度量。（2）股权程度变量，本书用第一大非国有股东持股比例和前十大股东中全部非国有股东持股比例之和衡量，我们比较了股权和董事会权力对于薪酬契约的不同作用，具体变量定义见表5-1所列。

控制变量与第三章模型相同，我们控制了对高管薪酬有影响的因素。公司特征方面，包括企业经营绩效，以净利润除以总资产衡量；公司规模，用上市公司总资产取对数衡量；资产负债率，为负债除以总资产。公司治理方面，参照现有文献，我们选取了股权集中度，以及股权制衡度、独立董事比例、高管持股比例、公司成长性、公司年龄等进行控制。另外，我们还控制了行业虚拟变量和年度虚拟变量，行业分类参照《上市公司行业分类指引》（2012年修订)。由于被解释变量为二值变量,采用Logit模型进行回归。为避免机械相关性,所有连续性控制变量均滞后一期。

表 5-1　变量及定义

变量	定义
反薪酬黏性	高管是否出现反薪酬黏性现象,出现业绩上升时高管前三薪酬不升反降现象取值为1,否则为0
非国有股东委派董事比例	(前十大股东中)全部非国有股东委派的董事比例
非国有股东是否委派董事	非国有股东是否委派董事,若非国有股东委派了董事为1,否则为0
非国有股东委派董监高比例	(前十大股东中)全部非国有股东委派的董监高比例
非国有股东是否委派董监高	若非国有股东委派了董监高为1,否则为0
第一大非国有股东持股比例	第一大非国有股东持股水平
非国有股东持股比例	(前十大股东中)非国有股东持股水平之和
总资产收益率	公司资产收益率,为净利润除以总资产
公司规模	公司规模,为上市公司总资产取对数
资产负债率	公司负债率,为负债除以总资产
股权集中度	公司第一大股东持股比例
两职合一	董事长和总经理是否两职合一,1是,0否
股权制衡度	股权制衡度,公司第二大到第十大股东持股比例
独董规模	独立董事比例,为独立董事人数除以公司董事总人数
管理层持股	管理层持股比例,为管理层持股数量除以总股数
公司成长性	公司成长性,企业年度主营业务收入的增长率
公司年龄	公司年龄,为样本所在年份减去企业成立年份

5.3.3　描述性统计和分组统计

本章样本所用变量的描述性统计见表5-2所列,主要汇报了各变量的均值、标准差、中位数、最小值和最大值。其中,*Rev_stick*的均值为0.26,表示样本中有26%的企业有高管薪酬反黏性现象,说明此现象的发生不是个例。方差上,除股权集中度和股权制衡外,其余变量的方差都较小,表明数据整体波动不大。

除主要变量的描述性统计外,我们还对比有董事会权力和没有董事会权力的国有企业的高管反薪酬黏性现象。我们用有无董事会席位和有无董监高席位进行分组，统计非国有股东有话语权的组和没有话语权组的反薪酬黏性均值。结果见表5-3所列，国有企业中非国有股东有董事会席位时，高管出现反薪酬黏性现象的概率为22%；没有董事会席位时，高管出现反薪酬黏性现象的概率为26%，T检验有显著差异。非国有股东有无董监高席位的均值检验结果几乎一致，说明非国有股东的董事会话语权抑制了高管反薪酬黏性现象的发生，改善了国有企业高管薪酬契约。该结果初步验证了本书假设H5-1，当非国有股东有董事会权力时，国有企业高管出现反薪酬黏性现象的概率更低。

表5-2 描述性统计表

变量	观测值	平均值	标准差	中位数	最小值	最大值
反薪酬黏性	3139	0.26	0.44	0.00	0.00	1.00
非国有股东委派董事比例	3139	0.05	0.11	0.00	0.00	0.56
非国有股东是否委派董事	3139	0.21	0.41	0.00	0.00	1.00
非国有股东委派董监高比例	3139	0.23	0.42	0.00	0.00	1.00
非国有股东是否委派董监高	3139	0.03	0.07	0.00	0.00	0.37
第一大非国有股东持股比例	3139	0.08	0.11	0.03	0.00	0.60
非国有股东持股比例	3139	0.15	0.15	0.10	0.00	0.77
总资产收益率	3139	0.05	0.04	0.04	0.00	0.21
公司规模	3139	22.76	1.36	22.60	18.96	26.60
资产负债率	3139	0.50	0.19	0.50	0.05	0.99
股权集中度	3139	39.11	15.21	38.45	8.76	74.98
两职合一	3139	0.10	0.30	0.00	0.00	1.00
股权制衡度	3139	18.64	12.34	16.02	1.51	55.93
独董规模	3139	0.37	0.05	0.33	0.13	0.57
管理层持股	3139	0.01	0.02	0.00	0.00	0.57
公司成长性	3139	0.21	0.38	0.12	-0.44	2.75
公司年龄	3139	17.30	4.94	17.00	2.00	30.00

表 5-3　均值分组统计

—	非国有股东是否委派董事 =0	非国有股东是否委派董事 =1	T-value
观测值	2338	718	—
反薪酬黏性	0.265	0.220	2.347**
—	非国有股东是否委派董监高=0	非国有股东是否委派董监高=1	—
观测值	2338	718	—
反薪酬黏性	0.267	0.219	2.594**	—

注：*p<0.1，**p<0.05，***p<0.01。

5.4　实证结果与分析

5.4.1　非国有股东参与治理与国企高管反薪酬黏性现象

表 5-4 列出了非国有股东委派董事与高管反薪酬黏性现象的结果。我们用非国有股东委派董事比例和非国有股东是否委派董事度量非国有股东委派董事的情况，其中第（1）、（2）列所列为非国有股东委派董事比例与高管反薪酬黏性现象的回归的结果，无论是否添加控制变量，非国有股东委派董事的比例都与国企高管反薪酬黏性现象显著负相关。表明，非国有股东委派董事比例越高，国有企业出现高管反薪酬黏性现象的概率越低。第（3）、（4）列用非国有股东是否有董事会席位衡量，当非国有股东委派董事数量大于0时，非国有股东是否委派董事变量取值为1，否则为0。无论是否增加控制变量，非国有股东是否委派董事变量的系数均显著为负。以上结果表明，非国有股东有董事会席位时和董事会席位更多时，国有企业出现高管反薪酬黏性现象的概率越低。结果支持了假设H5-1，非国有股东拥有董事会权力时能够改善国有企业公司高管的薪酬契约，降低国有企业反薪酬黏性现象出现的概率。

表5-4 非国有股东委派董事与国企高管反薪酬黏性

变量	(1)	(2)	(3)	(4)
	反薪酬黏性	反薪酬黏性	反薪酬黏性	反薪酬黏性
非国有股东委派董事比例	−0.655**	−0.578**	—	—
	(−2.50)	(−2.20)	—	—
非国有股东是否委派董事	—	—	−0.285**	−0.241**
	—	—	(−2.50)	(−2.04)
总资产收益率	—	−1.142	—	−1.882
	—	(−1.26)	—	(−1.21)
公司规模	—	0.035	—	0.057
	—	(1.47)	—	(1.41)
资产负债率	—	−0.250	—	−0.428
	—	(−1.40)	—	(−1.41)
股权集中度	—	0.004**	—	0.007*
	—	(2.06)	—	(1.91)
两职合一	—	−0.020	—	−0.032
	—	(−0.25)	—	(−0.23)
股权制衡度	—	0.001	—	0.002
	—	(0.29)	—	(0.38)
独董规模	—	0.407	—	0.687
	—	(0.83)	—	(0.83)
管理层持股	—	−1.811*	—	−3.142*
	—	(−1.90)	—	(−1.83)
公司成长性	—	−0.044	—	−0.074
	—	(−0.70)	—	(−0.70)
公司年龄	—	0.005	—	0.009
	—	(0.84)	—	(0.86)
常数项	−1.534***	−2.519***	−2.495***	−4.088***
	(−3.26)	(−3.94)	(−2.90)	(−3.65)
观测值	3139	3139	3139	3139
拟合优度	0.031	0.035	0.031	0.035
行业固定效应	Yes	Yes	Yes	Yes
年度固定效应	Yes	Yes	Yes	Yes

注：括号内为z值（logit回归），并经过公司层面的Cluster调整。***、**、*分别代表在1%、5%和10%的水平上显著。

5.4.2　稳健性分析

1. 内生性处理

内生性部分，我们用工具变量法、反向因果测试和安慰剂检验三种方法完成。

1）工具变量法

非国有股东进入国企董事会可能受到政府干预程度的影响，政府对国企较少的干预能够增加国企高管薪酬契约的有效性，提升其业绩薪酬敏感性（辛清泉和谭伟强，2009）。参照法恩等（2013）和蔡贵龙等（2018a）的做法，我们将 1840—1949 年地区是否是租界作为非国有股东参与公司治理的工具变量，并采用两阶段 GMM 回归分析来处理本章可能存在的内生性问题。首先，1840年之后，中国签订了一系列条约，中国政府开放了通商口岸并设立租界，允许外国资本开办学校、传教和投资办厂等。与清朝闭关锁国的状态不同，租界地区对外开放程度和市场化水平较高，因此租界地区的制度建设可能较为完善，其地区国企的公司治理机制可能较为完善，可能更少出现国企高管反薪酬黏性现象。其次，一个地区是否是租界与国企高管是否出现反薪酬黏性现象无关。综上，一个地区是否是租界满足了工具变量外生性和相关性两条标准，可以作为本书非国有股东是否委派董事的工具变量。回归结果见表 5-5 所列，其中第（1）列和（2）列是对非国有股东委派董事比例的两阶段 GMM 回归结果；第（3）、（4）列是对非国有股东是否能有董事会席位的两阶段 GMM 回归结果。第一阶段的结果中，第（1）列表明，租界地区非国有股东委派董事比例更高，第（3）列表示租界地区非国有股东有董事会席位的概率更高。第（2）和（4）列为第二阶段的回归结果，表示在用工具变量控制内生性问题的情况下，非国有股东能委派董事的概率和委派的董事比例越高，越能抑制国有企业高管的反薪酬黏性现象。

表 5-5　内生性——工具变量

变量	第一阶段	第二阶段	第一阶段	第二阶段
	（1）	（2）	（3）	（4）
	非国有股东委派董事比例	反薪酬黏性	非国有股东是否委派董事	反薪酬黏性
地区是否是租界	0.006***	—	—	—
	(2.74)	—	—	—

续表

变量	第一阶段	第二阶段	第一阶段	第二阶段
	（1）	（2）	（3）	（4）
	非国有股东委派董事比例	反薪酬黏性	非国有股东是否委派董事	反薪酬黏性
地区是否是租界	—	—	0.041***	—
	—	—	(3.21)	—
非国有股东委派董事比例	—	−4.170*	—	—
	—	(−1.84)	—	—
非国有股东是否委派董事	—	—	—	−0.783**
	—	—	—	(−2.13)
总资产收益率	0.053***	−0.550*	0.019	−0.501*
	(2.73)	(−1.75)	(0.09)	(−1.86)
公司规模	−0.002**	0.003	−0.006	0.004
	(−2.04)	(0.31)	(−1.04)	(0.46)
资产负债率	0.007	−0.139*	−0.058	−0.153**
	(1.11)	(−1.71)	(−1.36)	(−1.99)
股权集中度	−0.000***	0.000	−0.002***	−0.001
	(−3.74)	(0.02)	(−3.21)	(−0.81)
两职合一	0.013***	0.001	0.031	−0.012
	(3.15)	(0.02)	(1.47)	(−0.46)
股权制衡度	0.001***	0.008*	0.008***	0.007**
	(12.65)	(1.86)	(12.18)	(2.14)
独董规模	−0.135***	−0.530	−0.756***	−0.505*
	(−7.12)	(−1.42)	(−6.91)	(−1.65)
管理层持股	−0.096**	−0.723*	−0.338	−0.572*
	(−2.48)	(−1.73)	(−1.21)	(−1.93)
公司成长性	−0.003	−0.024	−0.021	−0.034*
	(−0.81)	(−1.04)	(−1.33)	(−1.66)
公司年龄	0.001**	0.005*	0.003**	0.004*
	(2.21)	(1.68)	(2.06)	(1.74)
常数项	0.139***	−0.167	0.226*	−0.064
	(6.58)	(−0.26)	(1.69)	(−0.27)

续表

变量	第一阶段	第二阶段	第一阶段	第二阶段
	(1)	(2)	(3)	(4)
	非国有股东委派董事比例	反薪酬黏性	非国有股东是否委派董事	反薪酬黏性
观测值	4450	4450	4450	4450
拟合优度	0.063	−1.036	0.105	−0.498
行业固定效应	Yes	Yes	Yes	Yes
年度固定效应	Yes	Yes	Yes	Yes

注：括号内为z值（logit回归），并经过公司层面的Cluster调整。***、**、*分别代表在1%、5%和10%的水平上显著。

2）反向因果测试与安慰剂检验

①反向因果测试。我们的结果可能受到反向因果的内生性影响，如政府控制力强的国有企业可能对"限薪令"的执行更为彻底，导致高管出现反薪酬黏性现象的概率更高，而政府控制强的企业，非国有股东参与董事会的程度可能更低。为考察非国有股东为委派董事程度是否受到反薪酬黏性现象的反向影响，参照席鹏辉等（2017）测试反向因果关系的办法，本书采用以下模型进行回归检验：

$$Director\_nsoe_t = \gamma_0 + \gamma_1 Rev\_stick_{t-1} + \gamma_i \sum Control_{i,t-1} + \varepsilon_3, \quad (5\text{-}2)$$

其中，Rev_stick_{t-1}为上一年度公司是否出现反薪酬黏性现象的哑变量，如果高管反薪酬黏性现象能够影响非国有股东委派董事的情况，那么γ_1将显著异于0，有反向因果问题。反之，则说明没有反向因果问题。模型（5-2）的回归结果见表5-6中第（1）、（2）列所列，上一年度公司高管的反薪酬黏性现象没有显著影响本年度非国有股东委派董事的比例和概率，说明模型（5-1）没有明显的反向因果关系，结果稳健。

②安慰剂检验。公司高管的薪酬是否有反黏性特征受到多种因素影响，尽管本书已对公司财务特征、公司治理特征等进行控制，但仍然可能遗漏某些重要的系统性因素，导致原结论有估计偏误。为此，本书采用安慰剂检验进行稳健性测试，将模型中解释变量打乱随机分配，如果随机分配后的变量"非国有股东委派董事比例_随机"和"非国有股东是否委派董事_随机"的系数值仍然显著为负，则表明原结论并非非国有股东委派董事与国企高管反薪酬黏性的因果关系，而是遗漏了某些系统性因素。反之，如果随机分配变量不显著，则支

持原结论。回归检验结果见表5-6中第（3）、（4）列所列，随机分配变量"非国有股东委派董事比例_随机"和"非国有股东是否委派董事_随机"的估计系数均不显著，证明我们的结果稳健。

表5-6　内生性——反向因果与安慰剂检验

变量	反向因果		安慰剂检验	
	（1）	（2）	（3）	（4）
	非国有股东委派董事比例	非国有股东是否委派董事	反薪酬黏性	反薪酬黏性
反薪酬黏性	−0.076	−0.130	—	—
	(−1.16)	(−1.09)		
非国有股东委派董事比例_随机	—	—	−0.002	—
	—	—	(−0.01)	—
非国有股东是否委派董事_随机	—	—	—	0.025
	—	—	—	(0.31)
总资产收益率	−0.955	−1.573	−2.029	−2.029
	(−0.84)	(−0.78)	(−1.38)	(−1.38)
公司规模	−0.076*	−0.126	0.060	0.060
	(−1.79)	(−1.63)	(1.56)	(1.57)
资产负债率	−0.089	−0.210	−0.471	−0.472
	(−0.31)	(−0.41)	(−1.60)	(−1.60)
股权集中度	0.001	0.001	0.006*	0.006*
	(0.14)	(0.11)	(1.69)	(1.67)
两职合一	0.153	0.285	−0.005	−0.006
	(1.23)	(1.32)	(−0.04)	(−0.04)
股权制衡度	0.030***	0.052***	−0.000	−0.000
	(7.45)	(7.24)	(−0.03)	(−0.03)
独董规模	−2.771***	−5.167***	0.667	0.677
	(−3.30)	(−3.33)	(0.82)	(0.83)
管理层持股	−1.597	−2.665	−3.814**	−3.816**
	(−1.23)	(−1.25)	(−2.07)	(−2.07)
公司成长性	−0.056	−0.096	−0.060	−0.059
	(−0.79)	(−0.78)	(−0.58)	(−0.57)

续表

变量	反向因果		安慰剂检验	
	（1）	（2）	（3）	（4）
	非国有股东委派董事比例	非国有股东是否委派董事	反薪酬黏性	反薪酬黏性
公司年龄	0.010	0.017	0.008	0.008
	(0.86)	(0.82)	(0.79)	(0.78)
常数项	1.450	2.559	−3.855***	−3.876***
	(1.62)	(1.61)	(−4.64)	(−4.66)
观测值	2918	2925	3139	3139
拟合优度	0.098	0.098	0.024	0.024
行业固定效应	Yes	Yes	Yes	Yes
年度固定效应	Yes	Yes	Yes	Yes

注：括号内为 z 值（logit 回归），并经过公司层面的 Cluster 调整。***、**、*分别代表在 1%、5% 和 10% 的水平上显著。

2. 其他稳健性检验

1）非国有股东委派董事的替代度量

参照蔡贵龙等（2018b）的研究，我们用非国有股东委派董监高的情况进行稳健性检验，非国有股东委派董事、监事和高管均能对企业的经营状况进行监督和管理。我们用非国有股东委派董监高的比例和能否委派董监高两个变量分别对模型 5-1 进行回归检验，回归检验结果见表 5-7 中第（1）、（2）列所列，非国有股东委派董监高比例和是否委派董监高变量的系数均在 5% 的水平上显著为负，表明委派董监高能发挥公司治理作用，从而高管出现反薪酬黏性现象的概率更小。结果与委派董事一致，结论稳健。

此外，我们分别用非国有股东委派董事数量和委派董监高的数量进行稳健性回归，回归检验结果见表 5-7 中第（3）、（4）列所列，非国有股东委派的董事和董监高数量越多，国有企业越不容易出现反薪酬黏性现象，结论稳健。

2）反薪酬黏性的替代度量

本章主回归分析中我们采用薪酬最高的前三名高管人员薪酬计算其是否出现反薪酬黏性现象，我们另外用国有企业中薪酬最高的前三名董事、监事和高管的薪酬是否出现反黏性作为稳健性检验。回归结果见表 5-8 中第（1）、（2）列所列，非国有股东委派董事比例和非国有股东是否委派董事两个变量的系数值均显著为负，表明非国股东委派董事概率和委派董事比例更高时，国有企业董监高出现反薪酬黏性现象的概率更低，结论稳健。

此外，我们上文将薪酬增长率除以业绩增长率为负值时（业绩增长率为正）定义为反薪酬黏性现象。此部分我们将净利润增长的绝对值大于0，且高管前三薪酬增长绝对值小于0直接定义为高管出现反薪酬黏性现象，此时反薪酬黏性2取值为1，否则为0。回归检验结果见表5-8中第（3）、（4）列所列，非国有股东委派董事比例和非国有股东是否委派董事的系数值均在5%的水平上显著为负，结果稳健。

3）控制变量当期处理

本章主回归分析中我们将控制变量滞后一期处理，为保证结果的稳健性，我们将控制变量当期处理，回归检验结果见表5-8中第（5）、（6）列所列，非国有股东委派董事比例和非国有股东是否委派董事的系数值在5%的水平上显著为负，结果稳健。

表5-7　其他稳健性——委派董事替代度量

变量	委派董监高比例	能否委派董监高	委派董事数量	委派董监高数量
	（1）	（2）	（3）	（4）
	反薪酬黏性	反薪酬黏性	反薪酬黏性	反薪酬黏性
非国有股东委派董监高比例	−1.502**	—	—	—
	（−2.12）	—	—	—
非国有股东是否委派董监高	—	−0.219**	—	—
	—	（−1.98）	—	—
非国有股东委派董事数量	—	—	−0.104**	—
	—	—	（−2.14）	—
非国有股东委派董监高数量	—	—	—	−0.071**
	—	—	—	（−2.02）
总资产收益率	−1.896	−1.831	−1.939	−1.914
	（−1.21）	（−1.22）	（−1.24）	（−1.22）
公司规模	0.056	0.056	0.058	0.058
	（1.39）	（1.33）	（1.46）	（1.43）
资产负债率	−0.418	−0.413	−0.423	−0.415
	（−1.38）	（−1.35）	（−1.40）	（−1.37）

续表

变量	委派董监高比例	能否委派董监高	委派董事数量	委派董监高数量
	（1）	（2）	（3）	（4）
	反薪酬黏性	反薪酬黏性	反薪酬黏性	反薪酬黏性
股权集中度	0.007**	0.007*	0.007**	0.007**
	（1.96）	（1.90）	（1.96）	（1.98）
两职合一	−0.029	−0.028	−0.028	−0.029
	（−0.21）	（−0.20）	（−0.21）	（−0.21）
股权制衡度	0.001	0.002	0.001	0.001
	（0.31）	（0.37）	（0.28）	（0.31）
独董规模	0.709	0.705	0.662	0.682
	（0.85）	（0.83）	（0.79）	（0.82）
管理层持股	−3.123*	−3.129	−3.137*	−3.129*
	（−1.81）	（−1.52）	（−1.81）	（−1.81）
公司成长性	−0.072	−0.073	−0.074	−0.074
	（−0.68）	（−0.68）	（−0.70）	（−0.70）
公司年龄	0.009	0.009	0.009	0.008
	（0.80）	（0.82）	（0.83）	（0.78）
常数项	−4.115***	−4.085***	−4.132***	−4.138***
	（−3.62）	（−3.18）	（−3.66）	（−3.66）
观测值	3139	3139	3139	3139
拟合优度	0.035	0.035	0.035	0.035
行业固定效应	Yes	Yes	Yes	Yes
年度固定效应	Yes	Yes	Yes	Yes

注：括号内为稳健性z值并经过公司层面的Cluster调整。***、**、*分别代表在1%、5%和10%的水平上显著。

表5-8　其他稳健性二——委派董事替代度量

变量	董监高前三反黏性		反黏性-绝对值度量		控制变量当期	
	（1）	（2）	（3）	（4）	（5）	（6）
	反薪酬黏性	反薪酬黏性	反薪酬黏性2	反薪酬黏性2	反薪酬黏性	反薪酬黏性
非国有股东委派董事比例	-0.479*	—	-0.422**	—	-0.593**	—
	（-1.84）	—	（-1.98）	—	（-2.28）	—
非国有股东是否委派董事	—	-0.117*	—	-0.112**	—	-0.231**
	—	（-1.67）	—	（-2.09）	—	（-2.02）
总资产收益率	-0.823	-0.803	4.580***	4.595***	-1.355	-2.050
	（-0.92）	（-0.90）	（8.65）	（8.69）	（-1.62）	（-1.42）
公司规模	0.016	0.016	-0.017	-0.018	0.024	0.041
	（0.67）	（0.67）	（-1.04）	（-1.05）	（1.02）	（1.04）
资产负债率	-0.136	-0.139	0.457***	0.444***	-0.267	-0.438
	（-0.80）	（-0.82）	（3.52）	（3.40）	（-1.46）	（-1.42）
股权集中度	0.004*	0.004*	0.003*	0.002	0.005**	0.008**
	（1.79）	（1.74）	（1.65）	（1.54）	（2.50）	（2.34）
两职合一	0.088	0.086	-0.028	-0.024	0.004	0.025
	（1.16）	（1.14）	（-0.45）	（-0.39）	（0.05）	（0.19）
股权制衡度	0.000	0.001	0.001	0.001	0.001	0.002
	（0.18）	（0.25）	（0.27）	（0.42）	（0.37）	（0.49）
独董规模	0.413	0.403	0.290	0.272	0.439	0.774
	（0.88）	（0.86）	（0.75）	（0.71）	（0.93）	（0.98）
管理层持股	-2.093**	-2.085**	-1.319	-1.228	-0.568	-0.962
	（-2.00）	（-2.01）	（-1.48）	（-1.41）	（-0.58）	（-0.52）
公司成长性	-0.024	-0.025	0.114**	0.112**	-0.073	-0.134
	（-0.38）	（-0.40）	（2.08）	（2.06）	（-1.05）	（-1.09）
公司年龄	0.003	0.003	0.005	0.004	0.007	0.010
	（0.51）	（0.52）	（0.94）	（0.83）	（1.12）	（1.02）
常数项	-1.258**	-1.231**	-1.652***	-1.608***	-2.380***	-3.912***
	（-2.41）	（-2.33）	（-3.75）	（-3.65）	（-3.66）	（-3.44）
观测值	3130	3130	6254	6275	3235	3245
拟合优度	0.035	0.035	0.040	0.040	0.038	0.037
行业固定效应	Yes	Yes	Yes	Yes	Yes	Yes
年度固定效应	Yes	Yes	Yes	Yes	Yes	Yes

注：括号内为z值（logit回归），并经过公司层面的Cluster调整。***、**、*分别代表在1%、5%和10%的水平上显著。

5.4.3　特殊功能类国企和商业竞争类国企的区别

此部分我们检验非国有股东治理对国企高管反薪酬黏性现象的影响，我们分别汇报了对商业竞争类国有企业和特殊功能类国有企业的影响。参照岳希明等（2010）和蔡贵龙等（2018b）的研究，我们将特殊功能类行业定义为是有垄断资源的行业，具体而言，本书将行业分类中烟草制品业、石油和天然气开采业、石油加工炼焦及核燃料加工业、电力、燃气及水的生产和供应业、铁路、水上及航空运输业、邮政和电信及其他信息传输服务业视为特殊功能类行业，其余为商业竞争类行业。

表5-9报告了相关结果，其中第（1）、（3）列所列的是特殊功能类国有企业的回归检验结果，（2）、（4）列为商业竞争类国有企业的回归检验结果。我们用非国有股东委派董事比例或是非国有股东能否委派董事衡量非国有股东对上市公司治理的参与程度。从结果可以看出，两个变量的系数在特殊功能类国企中为正但不显著，而在商业竞争类国企中均在5%的水平上显著为正。说明非国有股东参与企业的公司治理对特殊功能类国有企业的高管的反薪酬黏性现象影响不显著，而对商业竞争类国有企业的高管反薪酬黏性现象有显著影响，会降低商业竞争类国有企业中高管反薪酬黏性的概率。证明非国有资本在商业竞争类国企中更能发挥监督治理作用，实证结果支持假设H5-2。

表5-9　特殊功能类国企和商业竞争类国企的区别

变量	特殊功能类国企	商业竞争类国企	特殊功能类国企	商业竞争类国企
	（1）	（2）	（3）	（4）
	反薪酬黏性	反薪酬黏性	反薪酬黏性	反薪酬黏性
非国有股东委派董事比例	−1.912	−0.513**	—	—
	（−1.29）	（−1.97）	—	—
非国有股东是否委派董事	—	—	−0.199	−0.147**
	—	—	（−0.96）	（−2.05）
总资产收益率	8.466	−1.514*	4.666	−1.506
	（1.35）	（−1.74）	（1.37）	（−1.63）
公司规模	−0.004	0.046*	0.020	0.047*
	（−0.03）	（1.80）	（0.31）	（1.72）

续表

变量	特殊功能类国企	商业竞争类国企	特殊功能类国企	商业竞争类国企
	(1)	(2)	(3)	(4)
	反薪酬黏性	反薪酬黏性	反薪酬黏性	反薪酬黏性
资产负债率	−1.042	−0.237	−0.585	−0.227
	(−0.86)	(−1.27)	(−0.90)	(−1.17)
股权集中度	−0.014	0.005**	−0.009	0.005**
	(−1.12)	(2.32)	(−1.30)	(2.38)
两职合一	−1.316**	0.033	−0.657**	0.018
	(−2.05)	(0.38)	(−2.02)	(0.21)
股权制衡度	0.007	0.001	0.001	0.002
	(0.60)	(0.48)	(0.13)	(0.60)
独董规模	3.748	0.270	1.669	0.340
	(1.09)	(0.52)	(0.83)	(0.64)
管理层持股	−199.525	−1.658	−133.001	−1.515
	(−0.76)	(−1.47)	(−1.02)	(−1.35)
公司成长性	−0.269	−0.011	−0.166	−0.008
	(−0.92)	(−0.17)	(−1.03)	(−0.11)
公司年龄	−0.028	0.010	−0.016	0.009
	(−0.83)	(1.48)	(−0.85)	(1.27)
常数项	−1.115	−2.667***	−0.929	−2.863***
	(−0.38)	(−4.65)	(−0.61)	(−3.76)
观测值	392	2737	392	2737
拟合优度	0.093	0.032	0.077	0.042
行业固定效应	Yes	Yes	Yes	Yes
年度固定效应	Yes	Yes	Yes	Yes

注：括号内为 z 值（logit 回归），并经过公司层面的 Cluster 调整。***、**、*分别代表在1%、5%和10%的水平上显著。

5.4.4　市场化程度的影响

此部分我们探讨市场化程度对非国有股东治理作用的影响，参照现有文献，我们用王小鲁等（2017）报告的各地区市场化指数进行分组，当市场化指数大于中位数时，为市场化程度高的组，低于中位数为市场化程度低的组。我们分别对两组数据进行回归检验，结果见表5-10所列，其中第（1）、（3）列表示市场化程度高的地区，第（2）、（4）列表示市场化程度低的地区，我们分别用非国有股东委派董事比例或是非国有股东能否委派董事衡量非国有股东对上市公司治理的参与程度。见表中结果所列，非国有股东委派董事的概率和比例的系数在市场化程度高的地区不显著，在市场化程度低的地区显著为负。表明非国有股东参与治理在市场化程度低的地区更能发挥作用，更能改善国企高管的反薪酬黏性现象，此结果支持假设H5-3。

表5-10　市场化程度分析

变量	市场化程度高	市场化程度低	市场化程度高	市场化程度低
	（1）	（2）	（3）	（4）
	反薪酬黏性	反薪酬黏性	反薪酬黏性	反薪酬黏性
非国有股东委派董事比例	−1.006	−0.772**	—	—
	（−1.34）	（−2.32）	—	—
非国有股东是否委派董事	—	—	−0.125	−0.171*
	—	—	（−1.13）	（−1.94）
总资产收益率	−6.564**	0.412	−3.801**	0.226
	（−2.53）	（0.35）	（−2.56）	（0.21）
公司规模	−0.039	0.079**	−0.020	0.078**
	（−0.61）	（2.23）	（−0.54）	（2.25）
资产负债率	0.032	−0.319	0.006	−0.348
	（0.07）	（−1.27）	（0.02）	（−1.42）
股权集中度	0.013**	0.003	0.008**	0.003
	（2.25）	（1.17）	（2.22）	（0.92）
两职合一	0.147	−0.054	0.092	−0.059
	（0.64）	（−0.49）	（0.68）	（−0.51）
股权制衡度	−0.001	0.004	−0.001	0.004
	（−0.18）	（1.10）	（−0.19）	（1.10）
独董规模	0.495	1.092*	0.275	1.129*
	（0.38）	（1.66）	（0.35）	（1.65）

续表

变量	市场化程度高	市场化程度低	市场化程度高	市场化程度低
	（1）	（2）	（3）	（4）
	反薪酬黏性	反薪酬黏性	反薪酬黏性	反薪酬黏性
管理层持股	−1.117	−1.193	−0.584	−1.243
	（−0.54）	（−0.69）	（−0.50）	（−0.72）
公司成长性	−0.093	−0.061	−0.057	−0.071
	（−0.49）	（−0.76）	（−0.52）	（−0.87）
公司年龄	0.026	−0.004	0.015*	−0.004
	（1.62）	（−0.40）	（1.67）	（−0.39）
常数项	−1.606	−3.222***	−1.015	−3.174***
	（−1.18）	（−3.76）	（−1.26）	（−3.77）
观测值	1303	1797	1303	1814
拟合优度	0.058	0.054	0.058	0.053
行业固定效应	Yes	Yes	Yes	Yes
年度固定效应	Yes	Yes	Yes	Yes

注：括号内为 z 值（logit 回归），并经过公司层面的 Cluster 调整。***、**、*分别代表在 1%、5% 和 10% 的水平上显著。

5.4.5　非国有股东持股与国企高管反薪酬黏性现象

1. 非国有股东持股比例与反薪酬黏性现象

此部分我们对比了非国有股东持股的治理情况，表 5-11 报告了非国有股东持股情况与国企高管反薪酬黏性现象的关系。其中第（1）列所列为第一大非国有股东持股比例对国企高管反薪酬黏性现象的影响，其结果为负但不显著。第（2）列展示的是第一大非国有股东持股比例大于 5% 的情况，我们将第一大非国有股东比例是否大于 5% 进行分组，大于 5% 时第一大非国有股东持股5% 变量取值为 1，否则为 0。从结果可以看出，当第一大非国有股东持股超过5% 时，第一大非国有股东持股 5% 变量的系数在 1% 的水平上显著为负。表5-11 中第（3）列的结果为非国有股东持股之和与国企高管反薪酬黏性现象，可以看出，非国有股东持股之和的系数为负但不显著，而在第（4）列中，非国有股东的持股比例大于 10% 时其结果显著为负。同第（2）列构造虚拟变量的方式，我们将非国有股东持股之和大于 10% 时第一大非国有股东持股 10% 变量取值为1，否则为0。

我们以5%和10%作为分界点的原因是，在公司治理的实践中，这两个节点有重要的意义，首先，我国现行《公司法》第一百一十三条明文规定"单独或合并享有公司10%以上股份的股东发出请求时，公司应当在两个月内召开临时股东大会"，而持股比例超过5%意味着"举牌"，举牌对公司治理将带来重大的影响（何婧和徐龙炳，2012），蔡贵龙等（2018b）也用了同样的分节点。

表5-11的结果说明国企中非国有股东单纯的持股可能难以对公司治理产生影响，只有非国有股东持股比例较高时，才能对高管薪酬发挥作用，重要的大股东能够对企业的公司治理产生影响。

表5-11　非国有股东持股与国企高管反薪酬黏性

变量	第一大非国有持股比例	第一大非国有股东持股>5%	非国有股东持股之和	非国有股东持股之和>10%
	（1）	（2）	（3）	（4）
	反薪酬黏性	反薪酬黏性	反薪酬黏性	反薪酬黏性
第一大非国有持股比例	−0.440	—	—	—
	（−1.35）	—	—	—
第一大非国有股东持股5%	—	−0.317***	—	—
	—	（−2.97）	—	—
非国有股东持股之和	—	—	−0.266	—
	—	—	（−1.13）	—
第一大非国有股东持股10%	—	—	—	−0.347***
	—	—	—	（−3.36）
总资产收益率	−2.319**	−2.146	−2.077*	−1.727
	（−1.99）	（−1.46）	（−1.93）	（−1.17）
公司规模	0.053*	0.078**	0.046	0.075*
	（1.76）	（2.00）	（1.64）	（1.93）
资产负债率	−0.233	−0.490*	−0.029	−0.474
	（−1.05）	（−1.66）	（−0.15）	（−1.60）
股权集中度	0.005*	0.006*	0.003	0.005
	（1.65）	（1.77）	（1.26）	（1.53）

续表

变量	第一大非国有持股比例	第一大非国有股东持股>5%	非国有股东持股之和	非国有股东持股之和>10%
两职合一	−0.037	0.008	−0.152	0.015
	(−0.33)	(0.06)	(−1.50)	(0.11)
股权制衡度	0.001	0.006	0.001	0.007
	(0.16)	(1.27)	(0.23)	(1.48)
独董规模	0.827	0.660	0.716	0.535
	(1.36)	(0.81)	(1.28)	(0.65)
管理层持股	−2.385	−3.092*	−2.413	−3.130*
	(−1.52)	(−1.75)	(−1.60)	(−1.81)
公司成长性	−0.117	−0.071	−0.172**	−0.068
	(−1.31)	(−0.67)	(−2.06)	(−0.65)
公司年龄	0.010	0.009	0.008	0.009
	(1.18)	(0.88)	(1.01)	(0.86)
常数项	−3.149***	−4.263***	−2.398***	−4.059***
	(−5.17)	(−5.04)	(−4.00)	(−4.84)
观测值	3139	3139	3139	3139
拟合优度	0.016	0.027	0.021	0.027
行业固定效应	Yes	Yes	Yes	Yes
年度固定效应	Yes	Yes	Yes	Yes

注：括号内为 z 值（logit 回归），并经过公司层面的 Cluster 调整。***、**、*分别代表在 1%、5% 和 10% 的水平上显著。

2. 话语权重要作用的稳健性分析

参照蔡贵龙等（2018b），我们以第一大非国有股东比例是否大于 3%、5% 和 10%，与有无董事会席位进行分组，总共分为 6 组。选择此三个节点的意义见上文分析，具体分组定义如下，构造虚拟变量 T1、T2 和 T3。如果第一大非国有股东持股比例小于 3% 但有董事会席位时 T1 取 1，如果第一大非国有股东比例超过 3% 但无董事会席位 T1 取 0。同样的，如果第一大非国有股东持股比例小于 5% 但有董事会席位时 T2 取 1，如果第一大非国有股东比例超过 5% 但无董事会席位 T2 取 0；如果第一大非国有股东持股比例小于 10% 但有董事会席位时T3取1，如果第一大非国有股东比例超过10%但无董事会席位T3取0。我们将以上分组数据对模型5-1进行回归检验，回归检验结果见表5-12所列。

非国有股东有董事会席位时，即使其持股小于3%，5%或10%，都对高管的反薪酬黏性现象有抑制作用，相反，如果非国有股东无董事会席位，其持股超过5%等均对高管薪酬契约没有显著影响，该结果更加清晰地说明了非国有股东在董事会中话语权的重要作用。

总体而言，表5-12的结果说明，相比于简单的持股，非国有股东拥有董事会权力更能够改善国有企业公司高管的薪酬契约，其在董事会有席位，有高层话语权才能更好的发挥监督治理作用。该结论为当前混合所有制改革提供了一定的政策参考价值，即混合所有制改革中引进非国有资本时，不能仅停留在简单股权资本层面，更重要的是确保非国有资本能够在公司治理中发声，有一定的话语权，在高层中占有一定席位，才能更多地了解公司的信息，从而影响国有企业经营和治理决策，有效发挥非国有资本的监督治理作用。

表5-12　股权VS话语权

变量	持股<3%&有席位	持股>3%&无席位	持股<5%&有席位	持股>5%&无席位	持股<10%&有席位	持股>10%&无席位
	(1)	(2)	(3)	(4)	(5)	(6)
	反薪酬黏性	反薪酬黏性	反薪酬黏性	反薪酬黏性	反薪酬黏性	反薪酬黏性
第一大非国有股东持股	−5.886**	0.480	−5.467**	−0.945	−2.937*	0.378
	(−2.00)	(0.55)	(−2.03)	(−0.79)	(−1.90)	(0.22)
总资产收益率	−8.922	−1.025	1.477	−1.494	−3.097	2.133
	(−1.44)	(−0.45)	(0.37)	(−0.43)	(−0.89)	(0.51)
公司规模	0.337*	0.037	0.167	0.034	0.251**	−0.006
	(1.69)	(0.56)	(1.27)	(0.35)	(2.22)	(−0.05)
资产负债率	−1.551	0.007	−0.427	−0.281	−1.190*	−1.185
	(−1.21)	(0.01)	(−0.52)	(−0.33)	(−1.78)	(−1.04)
股权集中度	0.021	0.001	0.014	−0.004	0.014*	−0.016
	(1.43)	(0.14)	(1.42)	(−0.46)	(1.70)	(−0.96)
两职合一	−0.471	−0.354	−0.274	−0.325	−0.215	−0.560
	(−0.77)	(−1.41)	(−0.60)	(−0.79)	(−0.60)	(−1.09)

续表

变量	持股<3%&有席位	持股>3%&无席位	持股<5%&有席位	持股>5%&无席位	持股<10%&有席位	持股>10%&无席位
股权制衡度	0.023	−0.008	0.004	0.005	0.008	−0.014
	(0.77)	(−0.96)	(0.23)	(0.40)	(0.64)	(−0.86)
独董规模	9.958**	1.121	0.687	2.247	1.028	1.177
	(2.33)	(0.74)	(0.25)	(1.06)	(0.44)	(0.44)
管理层持股	−125.352	0.392	1.812	−0.547	−6.083	−1.831
	(−1.01)	(0.23)	(0.12)	(−0.28)	(−0.70)	(−0.90)
公司成长性	−1.301	−0.111	−1.365*	0.057	−0.623	−1.067**
	(−1.33)	(−0.55)	(−1.81)	(0.24)	(−1.48)	(−2.11)
公司年龄	0.171***	0.004	0.036	0.028	0.027	0.017
	(3.09)	(0.21)	(1.09)	(1.11)	(0.93)	(0.44)
常数项	−13.706***	−2.029	−6.586**	−1.954	−8.372***	1.573
	(−2.67)	(−1.39)	(−2.17)	(−1.04)	(−3.22)	(0.60)
观测值	291	1272	509	594	711	354
拟合优度	0.249	0.051	0.153	0.069	0.146	0.126
行业固定效应	Yes	Yes	Yes	Yes	Yes	Yes
年度固定效应	Yes	Yes	Yes	Yes	Yes	Yes

注：括号内为z值（logit回归），并经过公司层面的Cluster调整。***、**、*分别代表在1%、5%和10%的水平上显著。

5.5 进一步分析

上文我们发现了非国有股东的董事会权力在一定程度上能够改善国有企业高管薪酬契约，减少反薪酬黏性现象出现的概率。但整体而言，在国有企业中，非国有股东持股比例和所占的董事会席位相对较少，在国有企业中的地位有限，不可能完全抑制国有企业反薪酬黏性现象，因此，基于前文的实证数据，国有企业在薪酬管制背景下整体上仍然会出现反薪酬黏性现象。那么，在对高管薪酬契约作用有限的情况下，非国有企业参与公司治理能否改善高管反薪酬黏性所带来的不良后果？我们对此做进一步分析。

在引进非国有股东后，外资或民营经济主体获得了国有企业一定的股权，将有动力完善经理人的激励和约束机制，以减少经理人的私利行为（麦金森和内特，2001；古普塔，2005）。在国有企业"所有者缺位"、较强的"内部人控制"等制度缺陷导致的高管薪酬黏性和反黏性交织并存的复杂情况下，非国有资本为保障自身的利益不受损，会有更强的动机进行监督和参与公司治理，从而抑制管理层的私利行为，改善由薪酬激励不足导致的不良后果。

5.5.1　对商业竞争类国企未来绩效的调节作用

我们首先讨论非国有股东董事会权力对反薪酬黏性现象引起的不良绩效的调节作用。具体可能从以下角度对不良绩效有抑制作用，其一，非国有股东的逐利天性导致其有强烈的动机完善公司治理，对公司高管攫取私利的行为进行严格监督，减少其做出危害企业的代理行为，增加企业价值；其二，非国有股东进入国有企业一定程度上实现国企的"所有者归位"，缓解"所有者缺位"导致的委托代理问题。当出现反薪酬黏性时，业绩升高对高管的薪酬没有作用，可能会使高管出现懒政与怠职等行为，影响到高管进行决策时的科学性，进而影响企业的未来经营绩效。非国有股东治理对管理层有一定震慑作用，能够使其更加勤勉，改善由反黏性引起的绩效损害；其三，其委派的董事或高管直接参与公司经营管理，减少了信息不对称，使信息更加透明，管理层谋取私利损害公司绩效的行为可能受到抑制。因此，非国有股东治理能够一定程度上缓解薪酬激励不足引起的绩效损害。

表5-13所列为非国有股东治理对商业竞争类国有企业未来绩效调节作用的结果。我们以国有企业中非国有股东是否有董事会席位进行分组，分为有董事会席位和无董事会席位组，分别对模型3-2进行回归检验。表5-13用总资产收益率衡量企业的绩效，我们分别汇报了企业未来1—3期的绩效，如表中结果所示，在有董事会席位的组中，反薪酬黏性指标的系数在未来1—3期中均不显著，而在无董事会席位的组中，该指标的系数在未来1—3期中显著为负。表5-14用净资产收益率衡量企业的绩效时得出了相同的结果。该结果表明，在非国有股东有董事会权力的企业里，反薪酬黏性现象引起公司未来1—3年绩效损害的情况得到了抑制，而在非国有股东没有董事会权力的企业里，反薪酬黏性现象仍然造成了公司未来绩效的降低。证明了非国有股东参与治理能够提高公司治理的质量，对管理层的监督治理作用更强，缓解了反薪酬黏性现象引起的商业竞争类国企未来绩效降低的问题。

表5-13　PanelA 对商业竞争类国企未来绩效（Roa）的调节作用

变量	有董事会席位	无董事会席位	有董事会席位	无董事会席位	有董事会席位	无董事会席位
	（1）	（2）	（3）	（4）	（5）	（6）
	总资产收益率_(t+1)	总资产收益率_(t+1)	总资产收益率_(t+2)	总资产收益率_(t+2)	总资产收益率_(t+3)	总资产收益率_(t+3)
反薪酬黏性	0.001	−0.005***	−0.004	−0.004**	−0.002	−0.004*
	(0.29)	(−3.01)	(−1.11)	(−2.02)	(−0.85)	(−1.86)
公司规模	0.011***	0.007***	0.009***	0.008***	0.009***	0.010***
	(4.84)	(6.33)	(3.87)	(6.95)	(4.01)	(7.27)
资产负债率	−0.119***	−0.129***	−0.113***	−0.132***	−0.111***	−0.135***
	(−9.37)	(−13.33)	(−7.97)	(−14.11)	(−8.70)	(−13.59)
股权集中度	0.000	0.000**	0.000	0.000***	0.000	0.000***
	(1.32)	(2.47)	(0.97)	(3.18)	(1.54)	(3.02)
两职合一	0.011*	−0.000	0.008	−0.002	0.002	0.001
	(1.94)	(−0.09)	(1.41)	(−0.51)	(0.38)	(0.41)
股权制衡度	0.000	0.000***	0.000	0.000**	0.000*	0.000
	(1.21)	(2.75)	(1.34)	(2.19)	(1.65)	(1.37)
独董规模	−0.024	−0.041**	−0.004	−0.046***	−0.016	−0.032*
	(−0.58)	(−2.37)	(−0.08)	(−2.64)	(−0.34)	(−1.74)
管理层持股	0.163**	0.206***	0.167	0.192**	0.165	0.188**
	(2.24)	(3.05)	(1.24)	(2.23)	(1.08)	(2.06)
公司成长性	−0.003	0.009***	−0.005	0.015***	−0.004	0.018***
	(−0.48)	(3.71)	(−1.13)	(5.28)	(−1.15)	(5.50)
公司年龄	0.001*	0.001**	0.001	0.001**	0.001*	0.001*
	(1.66)	(2.00)	(1.14)	(2.25)	(1.82)	(1.79)
常数项	−0.146***	−0.070***	−0.121**	−0.084***	−0.115**	−0.166***
	(−3.05)	(−3.02)	(−2.53)	(−3.60)	(−2.44)	(−5.53)
观测值	634	2461	585	2404	614	2497
拟合优度	0.309	0.330	0.286	0.308	0.261	0.281
行业固定效应	Yes	Yes	Yes	Yes	Yes	Yes
年度固定效应	Yes	Yes	Yes	Yes	Yes	Yes

注：括号内为 z 值（logit 回归），并经过公司层面的 Cluster 调整。***、**、*分别代表在1%、5%和10%的水平上显著。

表 5-14　PanelB 对商业竞争类国企未来绩效（Roe）的调节作用

变量	有董事会席位	无董事会席位	有董事会席位	无董事会席位	有董事会席位	无董事会席位
	（1）	（2）	（3）	（4）	（5）	（6）
	净资产收益率_(t+1)	净资产收益率_(t+1)	净资产收益率_(t+2)	净资产收益率_(t+2)	净资产收益率_(t+3)	净资产收益率_(t+3)
反薪酬黏性	−0.002	−0.015***	−0.010	−0.010**	−0.000	−0.013**
	（−0.27）	（−3.64）	（−1.40）	（−2.34）	（−0.03）	（−2.19）
公司规模	0.026***	0.018***	0.021***	0.016***	0.024***	0.025***
	（5.09）	（6.23）	（4.08）	（5.03）	（3.37）	（5.80）
资产负债率	−0.077**	−0.104***	−0.042	−0.115***	−0.130**	−0.178***
	（−2.04）	（−3.60）	（−1.47）	（−4.27）	（−2.05）	（−5.61）
股权集中度	0.000	0.000*	0.000	0.001***	0.001	0.001**
	（0.54）	（1.92）	（0.18）	（2.87）	（1.15）	（2.45）
两职合一	0.020	−0.000	0.014	−0.007	0.007	−0.000
	（1.37）	（−0.04）	（1.17）	（−0.84）	（0.41）	（−0.02）
股权制衡度	0.001	0.001***	0.001*	0.000*	0.001	0.000
	（1.35）	（2.67）	（1.69）	（1.96）	（1.08）	（1.38）
独董规模	−0.095	−0.081**	−0.092	−0.132**	−0.162	−0.100*
	（−1.03）	（−2.21）	（−0.95）	（−2.44）	（−1.16）	（−1.74）
管理层持股	0.229	0.265***	0.024	0.253*	0.092	0.218
	（1.46）	（2.65）	（0.10）	（1.85）	（0.37）	（1.49）
公司成长性	0.010	0.029***	−0.004	0.039***	0.009	0.049***
	（0.88）	（4.57）	（−0.39）	（5.42）	（0.59）	（5.44）
公司年龄	0.001	0.001	0.001	0.001*	0.001	0.000
	（1.39）	（1.42）	（0.94）	（1.71）	（1.20）	（0.67）
常数项	−0.464***	−0.334***	−0.347***	−0.238***	−0.353**	−0.444***
	（−4.07）	（−5.76）	（−3.17）	（−3.41）	（−2.53）	（−5.81）
观测值	634	2461	585	2404	614	2497
拟合优度	0.187	0.198	0.204	0.156	0.191	0.176
行业固定效应	Yes	Yes	Yes	Yes	Yes	Yes
年度固定效应	Yes	Yes	Yes	Yes	Yes	Yes

注：括号内为 z 值（logit 回归），并经过公司层面的 Cluster 调整。***、**、*分别代表在 1%、5% 和 10% 的水平上显著。

5.5.2 对公司违规的调节作用

我们讨论非国有股东董事会权力对反薪酬黏性现象引起的公司违规行为的影响。具体可能从以下角度对反薪酬黏性导致的公司违规有抑制作用，其一，非国有股东治理影响了高管违规操纵的机会，非国有股东的逐利天性导致其有强烈的动机对管理层的行为进行监督，尤其是在公司薪酬契约激励不足时，非国有股东为保障自我收益，会更加积极参与公司治理，发挥其监督的作用，因此，管理层进行违规操纵的机会减少；其二，提高了管理层违规操纵的成本，非国有股东进入国有企业一定程度上实现国企的"所有者归位"，缓解了"所有者缺位"导致的委托代理问题，管理层的行为受到更好的监督，其违规操纵被发现的概率增大，违规的成本增加，能够对管理层有一定震慑作用，减少其进行违规操纵的可能性。其三，其委派的董事或高管直接参与公司经营管理，减少了信息不对称，使信息更加透明，管理层进行违规操纵的空间相对较小。因此，非国有股东治理能够一定程度上缓解薪酬激励不足引起的公司违规行为。

表5-15所列为非国有股东治理对反薪酬黏性引起公司违规行为的调节作用。我们以国有企业中非国有股东委派董事情况进行分组。首先以委派董事比例的中位数进行分组，分为委派董事比例高和委派董事比例低的组，其次用是否有委派董事进行分组，分为有委派董事和没有委派董事组。我们用分组数据分别对模型4-1进行回归检验。结果见表5-15所列，其中（1）、（3）列表示委派董事比例高和有委派董事情况，反薪酬黏性的系数不显著；（2）、（4）列为委派董事比例低和没有委派董事的情况，反薪酬黏性的系数在1%的水平上显著为负，该结果表明，在非国有股东有董事会权力的企业里，反薪酬黏性现象引起公司违规的情况得到了抑制，而在非国有股东没有董事会权力的企业里，反薪酬黏性现象仍然造成了公司违规概率的增加。证明了非国有股东参与治理能够提高公司治理的质量，缓解反薪酬黏性现象引起的公司违规增加的问题。

表5-15　对反薪酬黏性引起公司违规行为的调节作用

变量	委派董事比例高 (1) 公司违规	委派董事比例低 (2) 公司违规	有委派董事 (3) 公司违规	没有委派董事 (4) 公司违规
反薪酬黏性	0.090	0.209***	0.052	0.229***
	(0.48)	(2.84)	(0.31)	(3.08)
总资产收益率	−8.015**	−2.400*	−5.103**	−2.765**
	(−2.45)	(−1.95)	(−2.10)	(−2.17)
公司规模	−0.064	−0.117***	−0.033	−0.128***
	(−0.71)	(−3.13)	(−0.41)	(−3.29)
资产负债率	−0.132	0.710***	−0.174	0.742***
	(−0.22)	(2.60)	(−0.32)	(2.65)
股权集中度	−0.007	−0.005*	−0.006	−0.006*
	(−1.17)	(−1.72)	(−1.00)	(−1.85)
两职合一	0.114	0.032	0.038	0.050
	(0.43)	(0.25)	(0.16)	(0.37)
股权制衡度	−0.001	0.002	0.001	0.001
	(−0.19)	(0.61)	(0.18)	(0.22)
独董规模	−0.223	−1.062	−0.218	−1.160*
	(−0.13)	(−1.58)	(−0.14)	(−1.69)
管理层持股	1.055	0.533	1.723	0.474
	(0.39)	(0.43)	(0.76)	(0.38)
公司成长性	0.398**	0.124*	0.445***	0.124*
	(2.36)	(1.75)	(2.71)	(1.72)
公司年龄	−0.022	0.013	−0.024	0.014
	(−1.05)	(1.26)	(−1.33)	(1.33)
常数项	2.285	2.935***	0.495	4.017***
	(1.17)	(3.03)	(0.27)	(3.63)
观测值	489	2470	576	2387
拟合优度	0.133	0.065	0.127	0.071
行业固定效应	Yes	Yes	Yes	Yes
年度固定效应	Yes	Yes	Yes	Yes

注：括号内为z值（logit回归），并经过公司层面的Cluster调整。***、**、*分别代表在1%、5%和10%的水平上显著。

5.6 小结与启示

本章基于混合所有制背景，探讨非国有股东参与治理与国有企业中业绩增加而薪酬不增反降的反薪酬黏性现象的关系。实证检验发现，非国有股东参与治理能提高公司治理质量，能一定程度上抑制国有企业高管反薪酬黏性现象，在经过多重稳健性检验之后结果稳健；相比于持股的影响，非国有股东拥有董事会权力时更能显著改善公司高管的不合理薪酬现象；其次，非国有股东对高管反薪酬黏性现象的抑制作用在商业竞争类国有企业中更加显著，在特殊功能类国企中则不明显；另外，从市场化程度来看，非国有股东治理在市场化程度低的地区更能发挥作用。进一步研究还发现，非国有股东治理对反薪酬黏性现象引起的不良后果有改善作用，类似于监督机制，会降低反薪酬黏性对商业竞争类国有企业未来绩效和公司违规行为的负面影响。本章的结果丰富了混合所有制改革中非国有股东治理的相关文献，也拓展了非国有股东董事会权力影响高管薪酬契约的相关研究。

本章的结论有如下启示：其一，国企改革目前已进入攻坚期，而高管薪酬激励机制是国有企业改革攻坚的重点和难题。混合所有制改革中引进非国有资本有利于公司治理的完善，能够降低国有企业高管薪酬契约的不合理现象，为国企改革中全面推进混合所有制改革提供证据支持。其二，非国有股东治理作用的发挥需要依赖一定的决策话语权，为了保障非国有资本参与不流于形式，达到混合所有制改革引进非国有资本积极参与监督治理的目的，应充分考虑其参与治理的董事会权力。其三，非国有股东治理能够影响商业竞争类国企的薪酬契约，但对特殊功能类国企的影响不显著，表明在推进混合所有制改革的过程中，要注重国有企业分类，寻找适合企业发展的改制方式。

第6章

"限薪令"在民营企业中的溢出效应

6.1　国企民企高管薪酬激励差异

由于国有企业和民营企业体制不同，其高管薪酬激励状况也不同。国有企业的高管身兼"政治家"和"企业家"双重身份，其高管薪酬激励受到诸多限制。国有企业在国家经济发展中扮演着重要角色，其政策导向往往能够影响整个行业的发展方向。民营企业可以通过关注国企的政策动向，把握市场趋势，调整自身发展战略，以更好地适应市场需求。因此国有企业的政策对民营企业也可能有一定影响。

薪酬激励主要包括薪酬总额和长期的股权激励两部分，因此，本部分主要通过以上两个维度进行数据统计，对比分析国有企业和民营企业的高管薪酬激励现状，以期让读者对国有企业和民营企业的高管薪酬激励差异、"限薪令"的作用有更直观的了解。

6.1.1　高管薪酬水平的比较

整体来讲，高管的显性工资总额是高管薪酬的主要来源部分，本部分对国企民企中董事长、CEO和高管前三的绝对薪酬和相对薪酬水平进行统计比较，探究两种类型企业薪酬水平的差异和"限薪令"是否发挥作用。

1. 国企与民企高管薪酬差异的描述性统计

陈信元等（2009）提供了1999—2003年的国企、民企高管薪酬变化的描述性证据，他们发现国有企业因为有管制，其高管与员工相对薪酬（高管薪酬除以员工人均薪酬）低于民营企业。本书借鉴他们的算法，统计了2007—

2019年国企民企的薪酬数据比较。

　　表6-1统计了2007—2019年国企、民企高管薪酬的均值和相对薪酬的均值，我们对数据进行了上下1%的缩尾处理，去除了极端值的影响。从表中可以看出，董事长的年薪在国企中均值仅为33.8万元，远小于民企中的均值62万元，T值检验有显著差异。首先，CEO和高管前三的薪酬总额也低于民营企业，且差异显著；其次，由于国有企业和民营企业在规模上差距较大，我们还汇报了薪酬除以资产规模的情况，从结果可以看出，国有企业高管薪酬除以资产规模时，其值显著低于民营企业；最后，在与员工的平均薪酬差距上，国有企业高管的薪酬差距低于民营企业。结果表明，在去除极端值后，国有企业高管平均年薪小于民营企业，说明某些国企高管天价薪酬现象只是极端值，并不是普适性现象。

　　而国有企业薪酬差距低于民营企业说明国有企业在薪酬管制发挥了作用，对实现社会公平是有益的。上文所指两次"限薪令"以调节内部薪酬差距、促进收入公平分配、完善薪酬激励与约束机制为目标，将高管的基本工资、绩效工资与中长期激励均限制在员工平均工资的若干倍以内。从结果来看，《薪酬制度改革方案》确实促进了国有企业高管的内部薪酬差距，改善了高管薪酬偏高和过高的不合理现象。

表6-1　2007—2019年国企民企高管薪酬均值统计

高管类型	企业分类	样本	年薪均值（万元）	T值差异	薪酬/公司规模	T值差异	相对薪酬	T值差异
董事长	国企	14 447	33.77	−40.13***	1.47	−44.63***	3.84	−40.62***
	民企	20 240	62.08	—	2.83	—	7.25	—
CEO	国企	14 291	62.46	−8.97***	2.72	−13.21***	3.84	−11.48***
	民企	20 010	69.35	—	3.15	—	7.25	—
高管前三	国企	14 804	181.56	−3.20***	7.87	−8.01***	18.62	−11.74***
	民企	20 444	187.70	—	8.51	—	20.88	—

注：原始数据来源于国泰安数据库，经作者整理得到。*p<0.1，**p<0.05，***p<0.01。

6.1.2　高管股权激励的比较

　　除货币性薪酬外，市场化的高管应探究中长期的激励机制。股权激励是一种有效激励方式，让管理层持有公司股份，有助于解决股东和经理层之间目标不一致的代理问题，让管理者成为股东，解决两者之间的利益冲突。股权激励能够激发高管工作的积极性、有利于公司治理制度的完善。

本章统计了 2006—2018 年实施了股权激励的 A 股上市公司数量，并且对比了国企和民企的数量差距。对实施股权激励的上市公司按照以下标准进行筛选：删除股权激励方案取消的上市公司、ST、*ST 和 PT 的上市公司、金融行业上市公司以及激励标的物为股票增值权的上市公司；若上市公司实施了多次股权激励，则选取第一次股权激励的时间作为其实施股权激励的时间。统计数据见表 6-2 所列。

从表 6-2 所列数据统计可以看出，股权激励方案的数量逐年递增，说明股权激励在我国资本市场得到了一定程度的采用，但国有企业的股权激励数量远远少于民营企业。原因可能在于国有企业的股权激励具有福利、奖励和激励三种性质，定位困难，难以发挥激励效果（辛宇和吕长江，2012）。另外，邵帅等（2014）也发现国有企业的股权激励计划往往受到很多政策限制，如激励比例和收益等有一定标准，股权激励倾向福利性质，因此其股权激励的比例整体低于民企。

表 6-2　进行股权激励企业数量一览表

年份	总数	国企	民企
2006	42	15	27
2007	16	8	8
2008	70	25	45
2009	26	3	23
2010	79	8	71
2011	133	12	121
2012	145	15	130
2013	190	13	177
2014	187	24	163
2015	225	14	211
2016	274	25	249
2017	450	28	422
2018	352	28	324
合计	2189	218	1971

数据来源：原始数据来源于国泰安数据库，由作者整理得出。

6.2 "限薪令"在民营企业中的溢出效应

由于本书所讲的"限薪令"直接对象是中央企业,但地方国有企业也参照执行,虽然未针对民营企业,但国有企业一直是民营企业发展的风向标。同行业的民营企业可能是按照国有企业政策进行来调整该公司的薪酬制度,因此,"限薪令"在民营企业中可能存在溢出效应。按照前文分析方法,本书通过统计数据,探究国有企业的限薪政策是否在民营企业中也有影响?本书依次统计了民企中业绩薪酬敏感性均值在年度上的差异、民营企业各年出现反薪酬黏性现象的比例等,此外,还探究了反薪酬黏性现象在民营企业中的经济后果。

6.2.1 民企中业绩薪酬敏感性均值在年度上的差异

本部分统计民营企业高管薪酬-业绩敏感性均值在年度上的变化,参照第3章数据指标测算部分,用业绩的增长率除以薪酬增长率作为薪酬-业绩敏感性值的指标(具体计算步骤见上文第3章)。当此值等于1时,表示高管薪酬的增长率与净利润增长率同比值变动;当此值小于1时,表示高管薪酬的增加比例小于企业净利润的增加比例;当此值大于1时,高管薪酬的增加幅度大于公司业绩的增加幅度。而当此值小于0时,表示公司净利润的增长率大于0时公司高管薪酬的增长率却小于0,是高管薪酬与业绩背离的不合理现象。

我们分别用国有企业中董事长薪酬总额、CEO薪酬总额和前三名高管薪酬总额作为高管薪酬,按照第3章步骤计算出薪酬-业绩敏感性值,并统计其各自在年度上的均值,结果如图6-1所示。从图中可以看出,大部分均值在1以上,表示民营企业高管薪酬的增加幅度整体上大于业绩的增加幅度。由图6-1可以看出,民营企业高管在2009年的薪酬-业绩敏感性均值相较于2008年有明显的下降,表明第一次"限薪令"可能对民营企业产生了溢出效应的影响,且影响较大;其次,2016年,民营企业高管的薪酬-业绩敏感性均值也有明显的下降趋势,但相比国有企业而言(图3-1),下降的幅度较小且民营企业的数据相对滞后。2015年的"限薪令"对民营企业也产生了一定的溢出效应的影响,但影响相对滞后且幅度较小。可能的原因是2009年我国的市场机制和民营企业相关制度相对于2015年还不够完善,此时民营企业依照国有企业政策执行薪酬机制的可能性较大,因而有比较明显的变化。随着市场制度的不断完善,民营企业的不断壮大,民营企业各项机制的不断完善,其薪酬机制逐渐变得市场化，国有企业相关政策对其的影响逐渐减小，因此"限薪令"的溢出效应相对较弱。

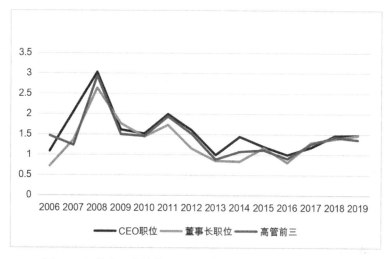

图6-1 民营企业高管薪酬-业绩敏感性均值在年度上的变化

数据来源：原始数据来源于国泰安数据库，图中结果由作者整理得出。

但整体而言，国家出台的针对国有企业，特别是中央企业的薪酬制度方案（"限薪令"）对民营企业产生了一定的影响。导致民营企业也出现了薪酬对于业绩敏感性降低的情况。

6.2.2 民企中业各年出现反黏性现象的比例

"限薪令"对民营企业产生了一定的影响，我们进一步探讨是否出现民营企业业绩上升而高管薪酬下降的反薪酬黏性现象。如图6-2所示为民营企业出现反薪酬黏性现象的比例。参照第3章数据测算，用业绩的增长率除以薪酬增长率作为薪酬-业绩敏感性值的指标，并将计算值小于0视作出现反薪酬黏性现象，取值为1；其余视作未出现反薪酬黏性现象，取值为0。当此值小于0时，表示公司净利润的增长率大于0时公司高管薪酬的增长率却小于0，出现了企业业绩上升时高管薪酬不升反降的反薪酬黏性现象。

从图6-2可以看到，整体而言，民营企业相较国有企业，出现反薪酬黏性现象的比例不高。从年份上看，2009年比2008年有显著的上升，可能是第一次"限薪令"导致的，此外，在2015年和2016年达到峰值，与"限薪令"发布时间趋于一致，表明"限薪令"对民企起到了一定的溢出效应。

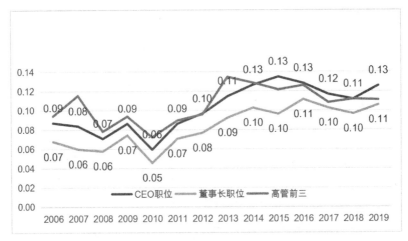

图6-2　民企中各年度出现反黏性现象的比例

数据来源：原始数据来源于国泰安数据库，图中结果由作者整理得出。

6.3　民营企业反薪酬黏性的经济后果

上文统计数据发现"限薪令"对民营企业产生了一定溢出效应的影响，民营企业业绩上升而高管薪酬不升反降的反薪酬黏性现象增加。这会导致民营企业高管的激励不足，根据前文，高管激励不足可能会导致高管出现损害公司利益的行为。本书通过实证证据进一步探究在民营企业中，前文的论述是否成立，以下通过对反薪酬黏性对公司绩效的影响和公司违规行为的影响进行探讨。

6.3.1　民营企业反薪酬黏性与公司绩效

长期以来，良好的薪酬契约有两层含义，其一，能够满足经理人的目标，其二，在经理人能达到报酬最大化的同时实现股东价值的最大化，即能够同时实现股东的目标和经理人的目标。其中，最有效的方式是经理人的薪酬与公司业绩挂钩（詹森和迈克林，1976；利昂·吴和齐默尔曼，2006；詹森和迈克林，1990）。在我国，随着市场化改革的逐步推进，上市公司高管薪酬契约具有一定程度的有效性（李维安和张国萍，2005；辛清泉和谭伟强，2009；方军雄，2009）。

企业业绩上升时高管薪酬不升反降的反薪酬黏性现象扭曲了薪酬契约的有

效性，契约理论认为，在没有风险分担和共同投入的情况下，代理人从合同中获得的激励越低，工作努力和激励就越不足（霍姆斯特姆，1979，1982；博尔顿和德瓦特里庞，2005）。高管作为企业重要的人才资源，是企业的一种人力资本，对企业的经营管理起着至关重要的作用。首先，从顶层设计上，高管会影响企业的发展目标和方向；其次，高管行为会影响企业的组织管理效率，并进一步影响到企业资源配置的效率；另外，高管对人才的引进和培育有重要影响，也会影响到企业技术的更新换代和研发的创新投入等公司各方面的重要决策（鄢伟波和邓晓兰，2018）。在民营企业中，企业价值很大程度上取决于经理人的才能与努力程度。因此，当业绩升高对高管的薪酬没有激励作用时，民企高管工作的积极性很可能降低，出现推诿懈怠等行为，影响到高管决策的合理性和科学性，进而影响企业的未来经营绩效。因此，我们认为民营企业中反薪酬黏性现象的出现会引起企业绩效的降低。

1. 数据、模型与变量

此部分我们检验反薪酬黏性现象对民营企业公司绩效的影响。参照第3章数据与模型，我们选择2010—2017年A股民营上市公司为初选样本，为保证数据结果的准确性，我们按照惯例对数据进行以下处理，首先，我们剔除金融行业上市公司；其次，我们将财务数据缺失的数据进行删除；最后，我们剔除被ST或者PT的公司。为剔除极端值的影响，我们对连续变量进行了上下1%的缩尾处理，数据来源于国泰安数据库。

我们构建模型检验反薪酬黏性现象对公司未来经营绩效的影响。参照唐松和孙铮（2014）的研究，我们构建模型（6-1）：

$$Performance_{t+1} = \beta_0 + \beta_1 Rev\_stick_t + \beta_i \sum Control_i + \varepsilon_2, \tag{6-1}$$

其中，被解释变量 $Performance_{t+1}$ 表示公司未来1年的经营绩效。我们用总资产报酬率和净资产收益率来表示。解释变量为企业是否出现高管薪酬反黏性现象，当企业高管前三薪酬-业绩敏感性值为负时取1，否则取0，具体定义同上文。控制变量与模型（3-1）中相同。本章具体变量定义见表3-1所列。

2. 实证结果与分析

表6-3所列报告了民营企业的反薪酬黏性现象对公司绩效的影响。第（1）、（3）列展示的是没有增加控制变量的结果，反薪酬黏性变量的系数在1%的显著性水平上为负；第（2）、（4）列增加控制变量后，反薪酬黏性的系数仍然在1%的显著性水平上显著为负。从结果可以看出，无论是用总资产收益率或净资产收益率衡量公司经营绩效，反薪酬黏性现象对公司绩效的影响都显著

为负，表明反薪酬黏性现象损害了民营企业的公司绩效，结果验证了上文的设想。民营企业高管的反薪酬黏性现象损害了薪酬契约的有效性，导致对高管的激励不足，可能导致高管懒政怠职等行为，进而损害公司绩效。

表6-3 民企高管反薪酬黏性与公司绩效

变量	(1) 总资产收益率	(2) 总资产收益率	(3) 净资产收益率	(4) 净资产收益率
反薪酬黏性	−0.004***	−0.005***	−0.009**	−0.009***
	(−2.84)	(−3.30)	(−2.45)	(−2.64)
公司规模	—	−0.019***	—	−0.040***
	—	(−12.33)	—	(−10.77)
资产负债率	—	0.002	—	0.066***
	—	(0.28)	—	(4.34)
股权集中度	—	0.001***	—	0.001***
	—	(5.02)	—	(5.89)
股权制衡度	—	0.001***	—	0.001***
	—	(5.70)	—	(4.06)
独董规模	—	0.024	—	0.047
	—	(1.26)	—	(1.02)
管理层持股	—	0.030***	—	0.035*
	—	(3.66)	—	(1.74)
公司成长性	—	0.010***	—	0.023***
	—	(7.09)	—	(6.55)
公司年龄	—	0.004	—	−0.003
	—	(0.81)	—	(−0.28)
常数项	0.067***	0.355***	0.111***	0.766***
	(5.85)	(8.78)	(3.87)	(7.80)
观测值	9114	8639	9114	8639
拟合优度	−0.254	−0.219	−0.272	−0.251
公司固定效应	Yes	Yes	Yes	Yes
年度固定效应	Yes	Yes	Yes	Yes

注：括号内为t值并经过异方差调整。*p<0.1，**p<0.05，***p<0.01。

6.3.2　民企高管反薪酬黏性与公司违规

高管作为企业重要的人才资源，对企业的经营管理起着至关重要的作用，特别是在民营企业中，高管的努力程度会影响企业发展方向、组织配置的效率、经营管理的重要决策等，而对其激励不足可能打击高管工作的积极性，也可能导致高管寻求其他形式的替代性激励，进而提高企业的违规倾向。舞弊三角理论认为，公司违规是动机（incentive）、机会（opportunity）和自我合理化（rationalize）三种要素共同作用的结果。

具体到民营企业，高管的反薪酬黏性现象会从以下几方面影响公司的违规行为。其一，高管的薪酬激励降低，降低了工作努力的积极性，会出现懒政与怠职等行为，高管对其员工的监督作用也可能降低，进而出现违规行为；其二，出现企业业绩升高而高管薪酬下降的现象时，高管违规的动机增加，其更可能寻求其他形式的替代激励，可能通过违规操作攫取私利，以达到其替代激励的目的，如通过违规买卖股票、操纵股价、违规担保、出资违规、擅自改变资金用途、占用公司资产和内幕交易等达到目的，导致公司违规的概率更高；其三，高管的薪酬受到管制而企业的业绩升高时，高管使自己违规行为合理化的理由增强。自我合理化是指有借口让自己的违规行为心安理得，当公司业绩逐年增长，高管的薪酬不增反降时高管可能认为通过其他途径获得替代激励是可以被理解的，或产生"这是公司欠我的"等常用借口。

因此，在反薪酬黏性下，民营企业高管可能出现监管不强、违规动机增强和自我合理化的理由增强等现象，可能会造成公司更多的违规。

1. 数据、模型与变量

本部分我们旨在考察民企高管反薪酬黏性现象是否会引起公司违规概率的增加，所用到的主要数据为上市公司违规数据、上市公司财务数据、高管个人特征数据等，数据来自于国泰安数据库。上市公司违规数据来自国泰安数据库，我们按照公司违规的实际年度计算公司当年是否违规和公司当年违规数量。与第 3 章数据区间保持一致，我们选择 2010—2017 年 A 股国有上市公司为初选样本，为保证数据结果的准确性，我们按照惯例对数据进行以下处理，首先，我们剔除金融行业上市公司；其次，我们将财务数据缺失的数据进行删除；最后，我们剔除被 ST 或者 PT 的公司。为剔除极端值的影响，我们对连续变量进行了上下 1% 的缩尾处理。

我们将本章探讨的民营企业的样本数据用第 4 章中模型（4-1）进行回归

检验，具体变量定义与表4-1所列相同，其中，被解释变量公司违规表示公司是否违规，具体定义为，如果公司当年发生违规行为，则变量取1，否则取0；第二个被解释变量为公司违规次数。解释变量（反薪酬黏性）为公司高管是否出现反薪酬黏性现象，参照陈信元等（2009）和陈霞等（2017）的研究，我们用薪酬最高的前三名高管作为高管的代理变量，按照第3章步骤计算高管前三是否出现业绩升高时薪酬不增反降的反薪酬黏性现象，出现时反薪酬黏性的数值取1，其余情况为0。其余控制变量与表4-1相同。

2. 实证结果与分析

结果报告在表6-4中。第（1）、（3）列展示的是没有增加控制变量的结果，反薪酬黏性的系数在5%的显著性水平上为正；第（2）、（4）列增加控制变量后，反薪酬黏性的系数仍然显著为正。说明民营企业高管反薪酬黏性现象增加了公司违规的次数和违规的概率，与设想一致。

控制变量方面，与现有文献发现一致，公司绩效的回归系数显著为负，说明公司绩效越好的民营企业，其违规行为越少。资产负债率、两职合一、股权制衡度的系数显著为正，说明杠杆率越高、董事长和CEO两职合一的公司、第二到第十大股东持股比例越高的公司，其违规概率也越高。结果均符合预期，其余变量未表现出明显的显著性。

表6-4　民企高管反薪酬黏性与公司违规

变量	（1）	（2）	（3）	（4）
	违规数量	违规数量	公司违规	公司违规
反薪酬黏性	0.094**	0.080*	0.094**	0.080*
	(2.02)	(1.67)	(2.02)	(1.67)
总资产收益率	—	−2.871***	—	−2.856***
	—	(−5.33)	—	(−5.31)
公司规模	—	0.020	—	0.021
	—	(0.62)	—	(0.64)
资产负债率	—	0.437**	—	0.438***
	—	(2.49)	—	(2.69)
两职合一	—	0.102*	—	0.103*
	—	(1.94)	—	(1.95)

续表

变量	（1）	（2）	（3）	（4）
	违规数量	违规数量	公司违规	公司违规
股权制衡度	—	0.006**	—	0.006**
	—	(2.48)	—	(2.48)
独董规模	—	−0.670	—	−0.675
	—	(−1.30)	—	(−1.31)
管理层持股	—	−0.080	—	−0.078
	—	(−0.57)	—	(−0.55)
公司成长性	—	0.053	—	0.053
	—	(1.01)	—	(1.01)
公司年龄	—	0.005	—	0.005
	—	(0.87)	—	(0.87)
常数项	−0.392	−0.782	−0.392	−0.787
	(−0.93)	(−0.98)	(−0.93)	(−0.99)
观测值	5165	5011	5165	5011
拟合优度	0.027	0.044	0.027	0.044
行业固定效应	Yes	Yes	Yes	Yes
年度固定效应	Yes	Yes	Yes	Yes

注：括号内为稳健性 z 值并经过公司层面的 Cluster 调整。***、**、*分别代表在1%、5%和10%的水平上显著。

6.4　小结与启示

国有企业是国民经济发展的中坚力量，是中国特色社会主义的重要支柱，是维护政治稳定的核心力量，其政策导向往往能够影响整个行业的发展方向。民营企业可能通过关注国企的政策动向，把握市场趋势，调整自身发展战略。因此国有企业作为民营企业风向标，其执行的相关国家政策，民营企业也可能选择性参照执行，因此，"限薪令"在民营企业中可能有溢出效应。

本部分首先对比了国有企业和民营企业的薪酬激励差异，从高管薪酬水平和股权激励两个角度进行对比，发现剔除极端值后，国企高管的绝对薪酬和相对薪酬均低于民营企业，国企高管"天价薪酬"现象并非普适性现象，薪酬管制起到一定的作用。首先，由于政策限制等因素，国有企业高管的国有企业的股权激励数量远远少于民营企业；其次，本部分对前文的所阐述的"限薪令"下的反薪酬黏性现象在民营企业的影响做出了描述性统计。通过数据统计，2009年的"限薪令"在民营企业中有较为明显的溢出效应，2015年的"限薪令"也有一定的影响，民营企业在国企限薪令发布后，反薪酬黏性现象的比例有一定提高。最后，本部分探讨了民营企业中的反薪酬黏性现象的经济后果，从公司绩效和公司违规两个角度进行探究。实证结果发现，民营企业中反薪酬黏性现象会导致公司绩效的降低和违规概率的升高。

因此，民营企业在薪酬制定时应考虑薪酬激励的有效性，制定与企业业绩相关的有效的薪酬激励制度。薪酬的激励不足会导致企业高管推诿懈怠等行为，造成公司绩效的降低和公司违规等损害公司价值的行为，出现更为严重的委托代理问题。因此，高管作为公司重要的人力资源，应该保障对其的有效激励。

第 7 章

结 论

7.1 主要结论

高管薪酬激励机制是现代企业公司治理的核心内容。高管是企业至关重要的人才资本，对其的激励严重影响着企业的经营管理活动和资源配置等。长期以来，有效的薪酬契约是能够同时实现股东价值最大化目标和经理人报酬最大化目标的基础。高管薪酬与业绩相挂钩的薪酬方式将促使经理人追求个人报酬最大化的同时实现公司业绩、股东财富的最大化，被认为是有效的薪酬契约。近年来，众多学者对我国上市公司的薪酬契约进行了研究，总体发现薪酬契约的有效性逐步提高，表现为高管薪酬与企业业绩的敏感性逐步上升。但部分企业仍存在薪酬契约不合理现象，如天价薪酬、运气薪酬、超额薪酬和薪酬辩护、薪酬黏性、薪酬业绩不敏感等，出现激励过度的现象。但另一方面，薪酬激励不足也是高管薪酬契约无效的表现，契约理论认为，在没有风险分担和共同投入的情况下，代理人从合同中获得的激励越低，工作努力和激励就越不足。激励不足可能导致高管出于私利目的做出损害公司价值的行为，造成更为严重的委托代理问题。长远来看，高管激励不足是企业公司治理机制的缺失，但现有学者对激励不足的探讨较少。

本书在系统梳理上市公司高管薪酬激励现状，在现有过度激励问题基础上，以国有企业"限薪令"背景下部分企业出现的业绩上升时高管薪酬不增反降现象（本书称之为"反薪酬黏性"现象）为基础，提出上市公司高管薪酬激励不足现象，并对此现象进行了深入探究，主要从此现象的来源、所导致的经济后果、对此现象的治理作用、在民营企业中的溢出效应几方面进行层层递进的研究。本书的主要研究结论有以下几点。

（1）在系统梳理薪酬契约无效现象的基础上，本文构建了激励不足的"反薪酬黏性"概念，发现"限薪令"会导致国有企业高管反薪酬黏性现象的增加；此外，这种反薪酬黏性现象会致使商业竞争类国企未来绩效降低，但对特殊功能类国企的影响不显著。进一步研究发现，在"限薪令"的执行上，这种反薪酬黏性现象更多体现在政府控制力强（金字塔层级短、高管有行政关联）和管理层权力弱的国有企业中。

（2）本书从替代性激励的角度，探讨国有企业"限薪令"下高管反薪酬黏性现象与公司违规行为的关系。发现国有企业高管的反薪酬黏性现象会导致商业竞争类国企违规概率的增加，对特殊功能类国企的影响则不显著。进一步分析发现，在公司内部监督治理环境较弱（内部控制质量低、管理层权力大）和外部监督治理较弱（非四大审计、非交叉上市、分析师关注少、市场化程度低）的情况下，反薪酬黏性对公司违规的影响更为显著，说明监督治理机制对高管的私利行为进行了抑制。

（3）非国有股东参与治理能够改善国有企业高管反薪酬黏性现象。具体而言，非国有股东参与治理与国有企业高管反薪酬黏性现象负相关，相比于持股的影响，非国有股东拥有董事会权力时更能显著改善公司高管的不合理薪酬现象；此外，非国有股东的治理作用在商业竞争类国有企业中更加显著，在特殊功能类国企中则不明显，从市场化程度来看，非国有股东治理在市场化程度低的地区更能发挥作用；进一步研究发现，非国有股东治理对反薪酬黏性现象引起的不良后果有改善作用，类似于监督机制，会降低反薪酬黏性对国有企业未来绩效的负面影响和对违规行为的影响。

（4）本书对比了2007—2019年国有和民营企业高管的绝对薪酬和相对于员工的薪酬，发现国有企业高管的绝对薪酬和相对薪酬普遍低于民营企业。国有企业实施股权激励的数量低于民营企业。"限薪令"在民营企业中有一定的溢出效应，会导致民营企业薪酬激励不足现象的增加，民营企业中反薪酬黏性现象会导致公司绩效的降低和违规概率的升高。

7.2 政策建议

本书的结论具有如下的政策含义。

（1）对国有企业进行分类治理，设计有效的高管激励机制。人才的激励机制对企业的发展至关重要，高管作为企业重要的人才资源，对企业的经营管理起着至关重要的作用。有效激励有两方面的含义：其一，避免国企高管的激励不足问题，能够调动其工作的积极性，实现人才驱动创新的效应；其二，有一定的约束机制，能够约束"内部人控制"等过度激励的问题，约束高管用企业的钱，办自己的事的问题。本书发现薪酬激励不足可能引起竞争类国有企业未来绩效降低和违规概率增高，而对特殊功能类国有企业则不显著的现象为国有企业分类改革提供了实证依据。可以根据企业的类别分类实施政策，对于商业竞争类国有企业，更多应该采用市场化选聘高管和市场化薪酬。

（2）积极推进混合所有制改革，并且赋予非国有股东董事会权力以保障其有"话语权"，才能对公司治理产生实质性影响。本书发现非国有股东有董事会权力才能更好的发挥公司治理作用，为混合所有制改革提供参考。为保障各经济主体活力，实现竞争中性，保障混合所有制参与的各经济主体的利益，需要赋予非国有资本话语权，保障非国有资本参与不流于形式，有话语权才能真正发挥民营资本的活力，达到参与治理的目的。

（3）应建立良好的监督机制，以抑制公司违规行为。企业违规的不良行为受到公司内外部环境监督治理作用的影响，作为企业来说，一方面应该加强内部控制的建设和完善，加强监督职能；另一方面应弱化企业中管理层权力，减少内部人控制的行为，才能建立更好的公司治理制度，减少企业违规行为的发生。对于股东而言，可通过聘请高质量的审计师作为外部监督，以减少企业的违规行为；国家应加强企业的外部监督力量，加强制度建设和市场化的开放等。

7.3 研究不足与展望

（1）本书对高管的薪酬激励采取文献普遍使用的显性货币薪酬，并未涉及高管的股权激励等长期激励性薪酬。诚然，我国股权激励计划起步较晚，国有企业中股权激励实施的复杂程度较高，导致实施员工持股计划的企业数量较少，但混合所有制改革已经将员工持股计划作为重要方向，对其的研究也更为重要，后期的研究希望能在数据的可获得性上做出努力，能进一步全面深入地研究高管薪酬激励。

（2）对反薪酬黏性所导致的后果上，本书仅选取了企业违规和公司绩效的角度，未能全面度量反薪酬黏性现象的影响，后期的研究可以从对企业创新、并购绩效、高管非正常变更等角度进行多维度探讨，完善和丰富此领域的研究。

（3）在对国企的分类上，本书仅分为特殊功能类国企和商业竞争类国企，没有进行更细致的分类。在实践中，很多公司是多种业务维度的组合，在分类时更有难度，以期在未来能够进行更加细致的分类治理研究。其次，我们还应对高管的类型进行分类，市场化选聘的高管和行政任命高管的激励机制不同，其对薪酬管制的对待方式也不尽相同，我们期待在后续研究中进行完善。

（4）在对民营企业的溢出效应探讨上，未能进行更加全面深入的研究，如什么类型的民营企业更容易受到政策影响等，我们期待在后续研究中进行完善。

参 考 文 献

[1] Bebchuk L A, Fried J M. Executive compensation as an agency problem [J]. Journal of Economic Perspectives, 2003, 17(3):71-92.

[2] Bebchuk L A, Fried J M. Pay without performance: The unfulfilled promise of executive compensation [M]. Cambridge: Harvard University Press, 2004.

[3] Bebchuk L A, Fried J, Walker D. Managerial power and rent extraction in the design of executive compensation [EB/OL]. [2023-3-27]. https://www.nber.org/system/files/wo.rking-papers/wq068.

[4] Bebchuk L, Fried J. Pay without performance: The unfulfilled promise of executive compensation [J]. International company and commercial law review, 2005, 16(11):461.

[5] Bertrand M, Mullainathan S. Agents with and without principals [J]. American Economic Review, 2000, 90(2):203-208.

[6] Bertrand M, Mullainathan S. Are CEOs rewarded for luck? The ones without principals are [J]. The Quarterly Journal of Economics, 2001, 116(3): 901-932.

[7] Boardman A E, Vining A R. Ownership and performance in competitive environments: A comparison of the performance of private, mixed, and state-owned enterprises [J]. the Journal of Law and Economics, 1989, 32(1): 1-33.

[8] Bolton P, Dewatripont M. Contract theory [M]. Cambrideg: MIT press, 2005.

[9] Chourou L, Abaoub E, Saadi S. The economic determinants of CEO stock option compensation [J]. Journal of Multinational Financial Management, 2008, 18(1):61-77.

[10] Coakley J, Iliopoulou S. Bidder CEO and other executive compensation in UK M&As [J]. European Financial Management, 2006, 12(4):609-631.

[11] Conyon M J, Peck S I. Board control, remuneration committees, and top man-

agement compensation[J]. Academy of Management Journal, 1998, 41(2): 146-157.

[12] Core J E, Holthausen R W, Larcker D F. Corporate governance, chief executive officer compensation, and firm performance[J]. Journal of Financial Economics, 1999, 51(3):371-406.

[13] Dechow P M, Ge W, Larson C R, et al. Predicting material accounting misstatements[J]. Contemporary Accounting Research, 2011, 28(1):17-82.

[14] Dechow P M, Sloan R G, Sweeney A P. Causes and consequences of earnings manipulation: An analysis of firms subject to enforcement actions by the SEC [J]. Contemporary Accounting Research, 1996, 13(1):1-36.

[15] Defond M L, Jiambalvo J. Factors related to auditor - client disagreements over income - increasing accounting methods[J]. Contemporary Accounting Research, 1993, 9(2):415-431.

[16] Doidge C, Karolyi G A, Stulz R M. Why are foreign firms listed in the US worth more?[J]. Journal of Financial Economics, 2004, 71(2):205-238.

[17] Efendi J, Srivastava A, Swanson E P. Why do corporate managers misstate financial statements? The role of option compensation and other factors[J]. Journal of Financial Economics, 2007, 85(3):667-708.

[18] Fan J P H, Wong T J, Zhang T. Institutions and organizational structure: The case of state-owned corporate pyramids[J]. The Journal of Law, Economics, and Organization, 2013, 29(6):1217-1252.

[19] Fan J P H, Wong T J, Zhang T. Politically connected CEOs, corporate governance, and Post-IPO performance of China's newly partially privatized firms [J]. Journal of Financial Economics, 2007, 84(2):330-357.

[20] Fan J P H, Wong T J. Do external auditors perform a corporate governance role in emerging markets? Evidence from East Asia[J]. Journal of Accounting Research, 2005, 43(1):35-72.

[21] Faulkender M, Yang J. Inside the black box: The role and composition of compensation peer groups [J]. Journal of Financial Economics, 2010, 96(2): 257-270.

[22] Finkelstein S. Power in top management teams: Dimensions, measurement, and validation[J]. Academy of Management journal,1992,35(3):505-538.

[23] Firth M, Fung P M Y, Rui O M. Corporate performance and CEO compensation in China[J]. Journal of Corporate Finance,2006,12(4):693-714.

[24] Garvey G T, Milbourn T T. Asymmetric benchmarking in compensation: Executives are rewarded for good luck but not penalized for bad[J]. Journal of Financial Economics,2006,82(1):197-225.

[25] Goldman E, Slezak S L. An equilibrium model of incentive contracts in the presence of information manipulation[J]. Journal of Financial Economics, 2006,80(3):603-626.

[26] Guedhami O, Pittman J A, Saffar W. Auditor choice in politically connected firms[J]. Journal of Accounting Research,2014,52(1):107-162.

[27] Gupta N. Partial privatization and firm performance[J]. The Journal of Finance,2005,60(2):987-1015.

[28] Hall B J , Murphy K J . The Trouble with Executive Stock Options[J]. The Journal Of Economic Perspectives,2003,17(3):p. 49-70.

[29] Hass L H, Müller M A, Vergauwe S. Tournament incentives and corporate fraud[J]. Journal of Corporate Finance,2015,34:251-267.

[30] Healy P M, Palepu K G. Information asymmetry, corporate disclosure, and the capital markets: A review of the empirical disclosure literature[J]. Journal of accounting and economics,2001,31(1-3):405-440.

[31] Holmström B. Moral hazard and observability[J]. The Bell journal of Economics,1979:74-91.

[32] Holmstrom B. Moral Hazard in Teams[J]. The Bell Journal of Economics, 1982,13(2):324-340.

[33] Hwang B H, Kim S. It pays to have friends[J]. Journal of Financial Economics,2009,93(1):138-158.

[33] Jackson S B, Lopez T J, Reitenga A L. Accounting fundamentals and CEO bonus compensation[J]. Journal of Accounting and Public Policy,2008,27(5): 374-393.

[34] Jensen M C, Meckling W H. Theory of the firm: Managerial behavior, agency costs and ownership structure[J]. Journal of Financial Economics, 1976, 3 (4):305-360.

[35] Jensen M C, Murphy K J. Performance pay and top-management incentives [J]. Journal of Political Economy, 1990, 98(2):225-264.

[36] Kim J B, Yi C H. Ownership structure, business group affiliation, listing status, and earnings management: Evidence from Korea[J]. Contemporary Accounting Research, 2006, 23(2):427-464.

[37] Leone A J, Wu J S, Zimmerman J L. Asymmetric sensitivity of CEO cash compensation to stock returns[J]. Journal of Accounting and Economics, 2006, 42 (1-2):167-192.

[38] Lin J Y, Cai F, Li Z. Competition, policy burdens, and state-owned enterprise reform[J]. The American Economic Review, 1998, 88(2):422-427.

[39] Megginson W L, Nash R C, Van Randenborgh M. The financial and operating performance of newly privatized firms: An international empirical analysis [J]. The Journal of Finance, 1994, 49(2):403-452.

[40] Megginson W L, Netter J M. From state to market: A survey of empirical studies on privatization [J]. Journal of Economic Literature, 2001, 39(2): 321-389.

[41] Miller D J. Technological diversity, related diversification, and firm performance[J]. Strategic Management Journal, 2006, 27(7):601-619.

[42] Natasha, B., Simi, K.. The Impact of Performance-based Compensation on Misreporting[J]. Journal of Financial Economics, 2006, 79(1):35-67.

[43] Porta R L, Lopez-de-Silanes F, Shleifer A, et al. Law and finance[J]. Journal of Political Economy, 1998, 106(6):1113-1155.

[44] Reese Jr W A, Weisbach M S. Protection of minority shareholder interests, cross-listings in the United States, and subsequent equity offerings[J]. Journal of Financial Economics, 2002, 66(1):65-104.

[45] Sarkissian S, Schill M J. The overseas listing decision: New evidence of proximity preference[J]. The Review of Financial Studies, 2004, 17(3):769-809.

[46] Shane, A, Johnson, H, Ryan, E, et. Managerial Incentives and Corporate Fraud: The Sources of Incentives Matter [J]. Review of Finance, 2009, 13 (1):115-145.

[47] Shleifer A, Vishny R W. A survey of corporate governance[J]. The Journal of Finance, 1997, 52(2):737-783.

[48] Sun Q, Tong W H S. China share issue privatization: the extent of its success [J]. Journal of Financial Economics, 2003, 70(2): 183-222.

[49] Tzioumis K. Why do firms adopt CEO stock options? Evidence from the United States [J]. Journal of Economic Behavior & Organization, 2008, 68 (1): 100-111.

[50] 白云霞, 吴联生. 国有控制权转移, 终极控制人变更与公司业绩 [J]. 金融研究, 2008 (6): 130-143.

[51] 白重恩, 刘俏, 陆洲, 等. 中国上市公司治理结构的实证研究 [J]. 经济研究, 2005, 2 (005): 2.

[52] 白重恩, 路江涌, 陶志刚. 国有企业改制效果的实证研究 [J]. 经济研究, 2006 (08): 4-13+69.

[53] 卜君, 孙光国. 投资者实地调研与上市公司违规: 作用机制与效果检验 [J]. 会计研究, 2020 (5): 30-47.

[54] 步丹璐, 文彩虹. 高管薪酬黏性增加了企业投资吗? [J]. 财经研究, 2013, 39 (6): 63-72.

[55] 蔡贵龙, 郑国坚, 马新啸, 等. 国有企业的政府放权意愿与混合所有制改革 [J]. 经济研究, 2018a, 53 (9): 99-115.

[56] 蔡贵龙, 柳建华, 马新啸. 非国有股东治理与国企高管薪酬激励 [J]. 管理世界, 2018b, 34 (5): 137-149.

[57] 蔡竞, 许楠, 董艳. 独立监事制度有效吗? ——来自中国上市公司的实证证据 [J]. 投资研究, 2015, 034 (6): 46-65.

[58] 曹春方, 陈露兰, 张婷婷. "法律的名义": 司法独立性提升与公司违规 [J]. 金融研究, 2017 (5): 191-206.

[59] 曹春方, 许楠, 逯东, 等. 金字塔层级、长期贷款配置与长期贷款使用效率——基于地方国有上市公司的实证研究 [J]. 南开管理评论, 2015 (2): 117-127.

[60] 曹伦, 陈维政. 独立董事履职影响因素与上市公司违规行为的关系实证研究 [J]. 软科学, 2008, 22 (11): 127-132.

[61] 曹洋. 盈余管理策略选择研究述评——真实盈余管理与应计管理的动态选择 [J]. 财会通讯, 2016, 10 (No. 702): 51-54.

[62] 曾诗韵, 蔡贵龙, 程敏英. 非国有股东能改善会计信息质量吗? ——来自商业竞争类国有上市公司的经验证据 [J]. 会计与经济研究, 2017

（04）：30-46.

［63］ 陈冬华，陈信元，万华林.国有企业中的薪酬管制与在职消费［J］.经济研究，2005，040（2）：92-101.

［64］ 陈林，唐杨柳.混合所有制改革与国有企业政策性负担——基于早期国企产权改革大数据的实证研究［J］.经济学家，2014，11（11）：13-23.

［65］ 陈林.自然垄断与混合所有制改革———基于自然实验与成本函数的分析［J］.经济研究，2018，1：81-96.

［66］ 陈胜蓝，卢锐.股权分置改革、盈余管理与高管薪酬业绩敏感性［J］.金融研究，2012，（10）：180-190.

［67］ 陈仕华，卢昌崇.国有企业高管跨体制联结与混合所有制改革——基于"国有企业向私营企业转让股权"的经验证据［J］.管理世界，2017，（005）：107-118，169.

［68］ 陈霞，马连福，丁振松.国企分类治理，政府控制与高管薪酬激励——基于中国上市公司的实证研究［J］.管理评论，2017，29（3）：147.

［69］ 陈信元，陈冬华，万华林，等.地区差异，薪酬管制与高管腐败［J］.管理世界，2009（11）：130-143.

［70］ 程敏英，魏明海.关系股东的权力超额配置［J］.中国工业经济，2013（10）：108-120.

［71］ 程新生，谭有超，许垒.公司价值，自愿披露与市场化进程——基于定性信息的披露［J］.金融研究，2011（8）：111-127.

［72］ 程新生，刘建梅，陈靖涵.才能信号抑或薪酬辩护：超额薪酬与战略信息披露［J］.金融研究，2015（12）：146-161.

［73］ 程仲鸣，夏新平，余明桂.政府干预、金字塔结构与地方国有上市公司投资［J］.管理世界，2008，（009）：37-47.

［74］ 单华军.内部控制，公司违规与监管绩效改进——来自2007—2008年深市上市公司的经验证据［J］.中国工业经济，2010（11）：140-148.

［75］ 单华军.内部控制，公司违规与监管绩效改进——来自2007—2008年深市上市公司的经验证据［J］.中国工业经济，2010（11）：140-148.

［76］ 邓可斌，周小丹.独立董事与公司违规：合谋还是抑制［J］.山西财经大学学报，2012，（011）：84-94.

［77］ 邓晓岚，陈栋，陈运森.专门委员会重叠与CEO运气薪酬：基于国有控股上市公司的证据［J］.会计研究，2015，（7）：49-55.

[78] 杜胜利，翟艳玲.总经理年度报酬决定因素的实证分析——以我国上市公司为例 [J].管理世界，2005（8）：114-120.

[79] 杜兴强，王丽华.高层管理当局薪酬与上市公司业绩的相关性实证研究 [J].会计研究，2007（1）：58-65.

[80] 杜兴强，温日光.公司治理与会计信息质量：一项经验研究 [J].财经研究，2007，33（1）：122-133.

[81] 樊纲，王小鲁，朱恒鹏.中国市场化指数——各地区市场化相对进程 2011 年报告[M].北京：经济科学出版社，2011.

[82] 樊纲，王小鲁，张立文，等.中国各地区市场化相对进程报告 [J].经济研究，2003，3（1）：6.

[83] 方芳，李实.中国企业高管薪酬差距研究 [J].中国社会科学，2015（08）：47-67+205.

[84] 方军雄.高管超额薪酬与公司治理决策 [J].管理世界，2012（11）：144-155.

[85] 方军雄.高管权力与企业薪酬变动的非对称性 [J].经济研究，2011，4（4）：107-120.

[86] 方军雄.我国上市公司高管的薪酬存在黏性吗？[J].经济研究，2009，3：110-124.

[87] 冯旭南，陈工孟.什么样的上市公司更容易出现信息披露违规——来自中国的证据和启示 [J].财贸经济，2011（8）：51-58.

[88] 傅颀，汪祥耀，路军.管理层权力、高管薪酬变动与公司并购行为分析 [J].会计研究，2014，(011)：30-37.

[89] 淦未宇，徐细雄，林丁健.高管性别、权力结构与企业反伦理行为——基于上市公司违规操作PSM配对样本的实证检验 [J].外国经济与管理，2015（10）：19-32.

[90] 高雷，何少华，黄志忠.公司治理与掏空 [J].经济学（季刊），2006，5（3）：1157-1178.

[91] 高雷，罗洋.上市公司董事会特征与违规行为 [J].广东金融学院学报，2008（03）：106-113.

[92] 高明华，杜雯翠，谭玥宁，等.关于发展混合所有制经济的若干问题 [J].政治经济学评论，2014，5（4）：123.

[93] 高明华，杨丹，杜雯翠，等.国有企业分类改革与分类治理——基于七

家国有企业的调研［J］.经济社会体制比较，2014（2）：19-34.

［94］ 郭照蕊，黄俊.国际"四大"与高质量审计的再检验——基于真实活动盈余管理的分析［J］.山西财经大学学报，2015，37（3）：115-124.

［95］ 韩复龄，冯雪.国有企业混合所有制改革背景下的商业银行业务机会［J］.经济与管理，2014，（4）：45-49.

［96］ 郝阳，龚六堂.国有、民营混合参股与公司绩效改进［J］.经济研究，2017（03）：124-137.

［97］ 郝云宏，汪茜.混合所有制企业股权制衡机制研究——基于"鄂武商控制权之争"的案例解析［J］.中国工业经济，2015，（3）：148-160.

［98］ 何杰，王果.上市公司违规行为的分布特点，变化趋势和影响波及［J］.改革，2013（10）：142-151.

［99］ 何婧，徐龙炳.产业资本向金融资本渗透的路径和影响——基于资本市场"举牌"的研究［J］.财经研究，2012，038（2）：81-90.

［100］ 何威风，刘启亮.我国上市公司高管背景特征与财务重述行为研究［J］.管理世界，2010，（7）：144-155.

［101］ 何瑛，杨琳.改革开放以来国有企业混合所有制改革：历程、成效与展望［J］.管理世界，2021，37（07）：44-60+4.

［102］ 胡谷华，李家俊，任宇，王兴权，刘其先.国企混改的九大成功范式［J］.中国盐业，2016（09）：21-26.

［103］ 胡丽丽.关于媒体舆论监督对公司反腐败治理影响的文献综述［J］.价值工程，2018（37）：234-236.

［104］ 胡一帆，宋敏，郑红亮.所有制结构改革对中国企业绩效的影响［J］.中国社会科学，2006（4）：50-64.

［105］ 胡奕明，唐松莲.独立董事与上市公司盈余信息质量［J］.管理世界，2008（09）：149-160.

［106］ 黄群慧，余菁.新时期的新思路：国有企业分类改革与治理［J］.中国工业经济，2013，11：5-17.

［107］ 黄速建，肖红军，王欣.竞争中性视域下的国有企业改革［J］.中国工业经济，2019，6：22-40.

［108］ 黄速建.中国国有企业混合所有制改革研究［J］.经济管理，2014（07）：12-21.

[109] 黄贤环，王瑶.国有企业限薪抑制了全要素生产率的提升吗 [J].上海财经大学学报，2020，22（1）：34-50.

[110] 黄晓蓓，郑建明.媒体关注、分析师跟进与业绩预告违规 [J].对外经济贸易大学学报：国际商务版，2015，（3）：141-150.

[111] 贾凡胜.外部监督、制度环境与高管运气薪酬 [J].南开经济研究，2018，199（01）：160-177.

[112] 孔宁宁，闫希.交叉上市与公司成长——来自中国"A+H"股的经验证据 [J].金融研究，2009（07）：138-149.

[113] 雷宇，郭剑花.规则公平与员工效率——基于高管和员工薪酬黏性差距的研究 [J].管理世界，2017（1）：99-111.

[114] 李常青，赖建清.董事会特征影响公司绩效吗？[J].金融研究，2004（5）：64-77.

[115] 李春涛，宋敏，张璇.分析师跟踪与企业盈余管理——来自中国上市公司的证据 [J].金融研究，2014，（007）：124-139.

[116] 李东方，杨琴.公司监事会职权行使障碍及其解决对策 [J].暨南学报：哲学社会科学版，2008，30（1）：35-42.

[117] 李广子，刘力.上市公司民营化绩效：基于政治观点的检验 [J].世界经济，2010（11）：139-160.

[118] 李胜楠，牛建波.家族企业董事会规模价值再研究——基于绩效波动与绩效水平的整合分析 [J].经济管理，2009（02）：120-125.

[119] 李维安，邱艾超，牛建波，等.公司治理研究的新进展：国际趋势与中国模式 [J].南开管理评论，2010（6）：13-24.

[120] 李维安，张国萍.经理层治理评价指数与相关绩效的实证研究 [J].经济研究，2005，11：87-98.

[121] 李文贵，余明桂.民营化企业的股权结构与企业创新 [J].管理世界，2015（4）：112-125.

[122] 梁杰，王璇，李进中.现代公司治理结构与会计舞弊关系的实证研究 [J].南开管理评论，2004，7（006）：47-51.

[123] 梁上坤，陈冬，胡晓莉.外部审计师类型与上市公司费用黏性 [J].会计研究，2015（02）：81-88+96.

[124] 廖冠民，沈红波.国有企业的政策性负担：动因，后果及治理 [J].中

国工业经济，2014，（006）：96-108.

[125] 林毅夫，李周.现代企业制度的内涵与国有企业改革方向 [J].经济研究，1997，3（3）：10.

[126] 林毅夫.经济学研究方法与中国经济学科发展 [J].经济研究，2001（04）：74-81.

[127] 林永坚，王志强.国际"四大"的审计质量更高吗？——来自中国上市公司的经验证据 [J].财经研究，2013，039（6）：73-83.

[128] 刘斌，刘星，李世新，等.CEO薪酬与企业业绩互动效应的实证检验 [J].会计研究，2003，3（8）：35-39.

[129] 刘春，孙亮.政策性负担、市场化改革与国企部分民营化后的业绩滑坡 [J].财经研究，2013，39（01）：71-81.

[130] 刘凤委，孙铮，李增泉.政府干预、行业竞争与薪酬契约——来自国有上市公司的经验证据 [J].管理世界，2007，（9）：76-84.

[131] 刘汉民，齐宇，解晓晴.股权和控制权配置：从对等到非对等的逻辑——基于央属混合所有制上市公司的实证研究 [J].经济研究，2018，53（05）：175-189.

[132] 刘慧龙，张敏，王亚平，等.政治关联、薪酬激励与员工配置效率 [J].经济研究，2010（23）：134-138.

[133] 刘立国，杜莹.公司治理与会计信息质量关系的实证研究 [J].会计研究，2003（02）：27-35+64.

[134] 刘启亮，罗乐，何威风，等.产权性质、制度环境与内部控制 [J].会计研究，2012（03）：52-61.

[135] 刘小玄，李利英.改制对企业绩效影响的实证分析 [J].中国工业经济，2005（3）：5-12.

[136] 刘小玄.民营化改制对中国产业效率的效果分析——2001年全国普查工业数据的分析 [J].经济研究，2004（8）：16-26.

[137] 刘星，刘伟.监督，抑或共谋？——我国上市公司股权结构与公司价值的关系研究 [J].会计研究，2007，（6）：68-75.

[138] 刘运国，郑巧，蔡贵龙.非国有股东提高了国有企业的内部控制质量吗？——来自国有上市公司的经验证据 [J].会计研究，2016（11）：61-68.

[139] 卢锐，柳建华，许宁.内部控制、产权与高管薪酬业绩敏感性 [J].会

计研究，2011（10）：42-48.

[140] 卢锐.企业创新投资与高管薪酬业绩敏感性［J］.会计研究，2014，10：36-42.

[141] 卢锐.管理层权力、薪酬与业绩敏感性分析——来自中国上市公司的经验证据［J］.当代财经，2008（07）：107-112.

[142] 陆挺，刘小玄.企业改制模式和改制绩效［J］.经济研究，2005，6：94-103.

[143] 陆瑶，胡江燕.CEO与董事间的"老乡"关系对我国上市公司风险水平的影响［J］.管理世界，2014，（003）：131-138.

[144] 陆瑶，李茶.CEO对董事会的影响力与上市公司违规犯罪［J］.金融研究，2016，（001）：176-191.

[145] 陆瑶，朱玉杰，胡晓元.机构投资者持股与上市公司违规行为的实证研究［J］.南开管理评论，2012（01）：13-23.

[146] 逯东，付鹏，杨丹.媒体类型、媒体关注与上市公司内部控制质量［J］.会计研究，2015，（004）：78-85.

[147] 逯东，万丽梅，杨丹.创业板公司上市后为何业绩变脸？［J］.经济研究，2015，2：132-144.

[148] 逯东，谢璇，杨丹.独立董事官员背景类型与上市公司违规研究［J］.会计研究，2017（8）.

[149] 逯东，黄丹，杨丹.国有企业非实际控制人的董事会权力与并购效率［J］.管理世界，2019，35（06）：119-141.

[150] 路军.女性高管抑制上市公司违规了吗？——来自中国资本市场的经验证据［J］.中国经济问题，2015（5）：66-81.

[151] 罗宏，陈小运.资本市场对外开放促进公司创新了吗——基于"沪港通"交易制度的经验证据［J］.当代财经，2020（8）：66-77.

[152] 罗宏，黄敏，周大伟，等.政府补助，超额薪酬与薪酬辩护［J］.会计研究，2014a（1）：42-48.

[153] 罗宏，宛玲羽，刘宝华.国企高管薪酬契约操纵研究——基于业绩评价指标选择的视角［J］.财经研究，2014b（4）：79-89.

[154] 罗进辉.独立董事的明星效应：基于高管薪酬—业绩敏感性的考察［J］.南开管理评论，2014（3）：62-73.

[155] 罗新宇.国有企业分类与分类监管［M］.上海：上海交通大学出版社，

2014.

[156] 吕长江, 赵宇恒. 国有企业管理者激励效应研究——基于管理者权力的解释 [J]. 管理世界, 2008 (11): 99-109.

[157] 马连福, 王丽丽, 张琦. 混合所有制的优序选择: 市场的逻辑 [J]. 中国工业经济, 2015 (7): 5-20.

[158] 孟庆斌, 李昕宇, 蔡欣园. 公司战略影响公司违规行为吗 [J]. 南开管理评论, 2018, 021 (003): 116-129.

[159] 聂琦, 刘申涵. 管理层权力, 内部控制与公司违规行为——基于 Logistic 回归模型的实证分析 [J]. 经营与管理, 2019, 5.

[160] 潘越, 戴亦一, 林超群. 信息不透明、分析师关注与个股暴跌风险 [J]. 金融研究, 2011 (9): 138-151.

[161] 綦好东, 郭骏超, 朱炜. 国有企业混合所有制改革: 动力, 阻力与实现路径 [J]. 管理世界, 2017 (10): 8-19.

[162] 权小锋, 吴世农, 文芳. 管理层权力、私有收益与薪酬操纵 [J]. 经济研究, 2010, 45 (11): 73-87.

[163] 全怡, 姚振晔. 法律环境, 独董任职经验与企业违规 [J]. 山西财经大学学报, 2015 (9): 76-89.

[164] 邵帅, 周涛, 吕长江. 产权性质与股权激励设计动机——上海家化案例分析 [J]. 会计研究, 2014, (010): 43-50.

[165] 申毅, 阮青松. 薪酬管制对企业盈余管理影响的研究——基于应计及真实盈余管理的检验 [J]. 经济经纬, 2017, 34 (6): 105-110.

[166] 沈昊, 杨梅英. 国有企业混合所有制改革模式和公司治理——基于招商局集团的案例分析 [J]. 管理世界, 2019, 035 (4): 171-182.

[167] 沈红波, 廖冠民, 廖理. 境外上市, 投资者监督与盈余质量 [J]. 世界经济, 2009 (3): 74-81.

[168] 沈红波, 张金清, 张广婷. 国有企业混合所有制改革中的控制权安排 [J]. 管理世界, 2019 (10).

[169] 沈艺峰, 李培功. 政府限薪令与国有企业高管薪酬, 业绩和运气关系的研究 [J]. 中国工业经济, 2010, 11 (11): 130-139.

[170] 盛丹, 刘灿雷. 外部监管能够改善国企经营绩效与改制成效吗? [J]. 经济研究, 2016, 51 (10): 97-111.

［171］ 盛丹.国有企业改制，竞争程度与社会福利［J］.经济学（季刊），2013，12（4）.

［172］ 宋立刚，姚洋.改制对企业绩效的影响［J］.中国社会科学，2005（2）：17-31.

［173］ 苏冬蔚，林大庞.股权激励、盈余管理与公司治理［J］.经济研究，2010（11）：88-100.

［174］ 苏坤.国有金字塔层级对公司风险承担的影响——基于政府控制级别差异的分析［J］.中国工业经济，2016，（6）：127-143.

［175］ 孙敬水，周永强.我国上市公司董事会特征与信息披露违规——基于2004—2006年数据实证分析［J］.工业技术经济，2008，27（1）：138-142.

［176］ 汤谷良，戴璐.国有上市公司部分民营化的经济后果——基于"武昌鱼"的案例分析［J］.会计研究，2006（9）：48-55.

［177］ 唐清泉，罗党论.设立独立董事的效果分析——来自中国上市公司独立董事的问卷调查［J］.中国工业经济，2006（1）：120-127.

［178］ 唐松，孙铮.政治关联，高管薪酬与企业未来经营绩效［J］.管理世界，2014（5）：93-105.

［179］ 唐松，杨勇，孙铮.金融发展，债务治理与公司价值——来自中国上市公司的经验证据［J］.财经研究，2009（6）：4-16.

［180］ 田妮，张宗益."限薪令"会产生作用吗？——一个基于不完全契约视角的理论分析［J］.管理评论，2015（04）：124-133.

［181］ 涂国前，刘峰.制衡股东性质与制衡效果——来自中国民营化上市公司的经验证据［J］.管理世界，2010（11）：132-142.

［182］ 万良勇，胡璟.网络位置、独立董事治理与公司并购——来自中国上市公司的经验证据［J］.南开管理评论，2014，17（2）：64-73.

［183］ 王兵.独立董事监督了吗？——基于中国上市公司盈余质量的视角［J］.金融研究，2007，（01A）：109-121.

［184］ 王曾，符国群，黄丹阳，等.国有企业CEO"政治晋升"与"在职消费"关系研究［J］.管理世界，2014（5）：157-171.

［185］ 王东京.国企改革攻坚的路径选择与操作思路［J］.管理世界，2019，35（2）：1-6.

[186] 王凤荣，高飞.政府干预，企业生命周期与并购绩效——基于我国地方国有上市公司的经验数据 [J].金融研究，2012（12）：137-150.

[187] 王克敏，王志超.高管控制权，报酬与盈余管理——基于中国上市公司的实证研究 [J].管理世界，2007（7）：111-119.

[188] 王庆文，吴世农.政治关系对公司业绩的影响——基于中国上市公司政治影响力指数的研究 [C].成都：中国第七届实证会计国际研讨会，2008.

[189] 王小鲁，樊纲，余静文.中国分省份市场化指数报告（2016）[M].北京：社会科学文献出版社，2017.

[190] 王艳.混合所有制并购与创新驱动发展——广东省地方国企"瀚蓝环境"2001—2015年纵向案例研究 [J].管理世界，2016（08）：150-163.

[191] 王甄，胡军.控制权转让，产权性质与公司绩效 [J].经济研究，2016，51（4）：146-160.

[192] 魏明海，蔡贵龙，柳建华.中国国有上市公司分类治理研究 [J].中山大学学报（社会科学版），2017，057（4）：175-192.

[193] 文炳洲，虞青松.薪酬管制、在职消费与控制权收益综述及其引申 [J].改革，2006（6）：75-81.

[194] 翁洪波，吴世农.机构投资者、公司治理与上市公司股利政策 [J].中国会计评论，2007，（003）.

[195] 吴联生，林景艺，王亚平.薪酬外部公平性、股权性质与公司业绩 [J].管理世界，2010，（003）：117-126.

[196] 吴晓晖，姜彦福.机构投资者影响下独立董事治理效率变化研究 [J].中国工业经济，2006（5）：105-111.

[197] 吴育辉，吴世农.高管薪酬：激励还是自利？——来自中国上市公司的证据 [J].会计研究，2010（11）：40-48.

[198] 武常岐，吕振艳.民营化，外资股东和人性：来自中国的证据 [J].经济管理，2011（3）：51-58.

[199] 武常岐，张林.国企改革中的所有权和控制权及企业绩效 [J].北京大学学报（哲学社会科学版），2014，51（5）：149-156.

[200] 武立东，张云，何力武.民营上市公司集团治理与终极控制人侵占效应分析 [J].南开管理评论，2007（04）：58-66.

[201] 席鹏辉，梁若冰，谢贞发，等.财政压力、产能过剩与供给侧改革[J].经济研究，2017，9：86-102.

[202] 夏立军，方轶强.政府控制、治理环境与公司价值——来自中国证券市场的经验证据[J].经济研究，2005，（5）：40-51.

[203] 肖淑芳，刘颖，刘洋，等.股票期权实施中经理人盈余管理行为研究——行权业绩考核指标设置角度[J].会计研究，2013，12（No. 314）：42-48+98.

[204] 谢德仁，姜博，刘永涛.经理人薪酬辩护与开发支出会计政策隐性选择[J].财经研究，2014，40（1）：125-134.

[205] 谢德仁，林乐，陈运森.薪酬委员会独立性与更高的经理人报酬-业绩敏感度——基于薪酬辩护假说的分析和检验[J].管理世界，2012，（1）：121-140.

[206] 辛清泉，林斌，王彦超.政府控制、经理薪酬与资本投资[J].经济研究，2007（08）：110-122.

[207] 辛清泉，谭伟强.市场化改革、企业业绩与国有企业经理薪酬.经济研究，2009，（11）：68-81.

[208] 辛宇，吕长江.激励、福利还是奖励：薪酬管制背景下国有企业股权激励的定位困境——基于泸州老窖的案例分析[J].会计研究，2012，（006）：67-75.

[209] 徐莉萍，辛宇，陈工孟.股权集中度和股权制衡及其对公司经营绩效的影响[J].经济研究，2006（01）：90-100.

[210] 徐伟，张荣荣，刘阳，等.分类治理、控股方治理机制与创新红利——基于国有控股上市公司的分析[J].南开管理评论，2018，021（003）：90-102.

[211] 徐细雄，刘星.放权改革、薪酬管制与企业高管腐败[J].管理世界，2013，（003）：119-132.

[212] 许召元，张文魁.许召元，张文魁：国企改革对经济增速具有提振效应[J].中国产业经济动态，2015（17）：11-14.

[213] 鄢伟波，邓晓兰.国有企业高管薪酬管制效应研究——对高管四类反应的实证检验[J].经济管理，2018，40（07）：56-71.

[214] 杨德明，赵璨，致谢.媒体监督、媒体治理与高管薪酬[J].经济研究，2012，6：116-126.

[215] 杨记军，逯东，杨丹.国有企业的政府控制权转让研究［J］.经济研究，2010，045（2）：69-82.

[216] 杨青，王亚男，唐跃军."限薪令"的政策效果：基于竞争与特殊功能类央企市场反应的评估［J］.金融研究，2018（01）：156-173.

[217] 杨瑞龙，张宇，韩小明，等.国有企业的分类改革战略［J］.教学与研究，1998（2）：5-12.

[218] 杨瑞龙.国有企业的重新定位及分类改革战略的实施［J］.国企，2013（7）：23-26.

[219] 杨兴全，尹兴强.国企混改如何影响公司现金持有？［J］.管理世界，2018，34（11）：93-107.

[220] 姚瑶，黄曼行.机构投资者持股与财务重述——基于中国资本市场的经验证据［J］.山西财经大学学报，2010，32（005）：85-92.

[221] 叶康涛.盈余管理与所得税支付：基于会计利润与应税所得之间差异的研究［J］.中国会计评论，2006，4（2）：205-224.

[222] 伊志宏，李艳丽，高伟.市场化进程、机构投资者与薪酬激励［J］.经济理论与经济管理，2011，（10）：75-84.

[223] 于晓强，刘善存.治理结构与信息披露违规行为——来自我国A股上市公司的经验证据［J］.系统工程，2012（06）：47-56.

[224] 余菁.走出国有企业理论纷争的丛林：一个关于国有企业目标，绩效和治理问题的综合分析［J］.中国工业经济，2008，（001）：139-146.

[225] 余明桂，潘洪波.政治关系，制度环境与民营企业贷款［J］.管理世界，2008，8.

[226] 余明桂，夏新平.控股股东，代理问题与关联交易：对中国上市公司的实证研究［J］.南开管理评论，2004，7（6）：33-38.

[227] 余明桂，钟慧洁，范蕊.业绩考核制度可以促进央企创新吗？［J］.经济研究，2016，051（012）：104-117.

[228] 袁春生，韩洪灵.董事会规模影响财务舞弊的机理及其实证检验［J］.商业经济与管理，2008，197（003）：44-49.

[229] 岳希明，李实，史泰丽.垄断行业高收入问题探讨［J］.中国社会科学，2010，（003）：77-93.

[230] 张国华，陈方正.我国上市公司盈余管理与董事会特征相关性实证研究［J］.技术经济与管理研究，2006（2）：42-44.

[231] 张汉南，孙世敏，马智颖.高管薪酬黏性形成机理研究：基于掏空视角 [J].会计研究，2019，(004)：65-73.

[232] 张俊瑞，赵进文，张建.高级管理层激励与上市公司经营绩效相关性的实证分析 [J].会计研究，2003，9：29-34.

[233] 张敏，王成方，刘慧龙.冗员负担与国有企业的高管激励 [J].金融研究，2013，5：140-151.

[234] 张楠，卢洪友.薪酬管制会减少国有企业高管收入吗——来自政府"限薪令"的准自然实验 [J].经济学动态，2017 (3)：24-39.

[235] 张孝梅.混合所有制改革背景的员工持股境况 [J].改革，2016 (1)：121-129.

[236] 张逸杰，王艳，唐元虎，等.上市公司董事会特征和盈余管理关系的实证研究 [J].管理评论，2006，18 (003)：14-19.

[237] 张勇，应超.审计委员会制度能有效防止上市公司信息披露违规吗——来自 2003-2007 年沪深两市 A 股的经验证据 [J].宏观经济研究，2009 (5)：49-57.

[238] 张振新，杜光文，王振山.监事会、董事会特征与信息披露质量 [J].财经问题研究，2011，(010)：60-67.

[239] 赵刚，梁上坤，王卫星.超募融资、管理层权力与私有收益——基于 IPO 市场的经验证据 [J].会计研究，2017，(004)：31-37.

[240] 赵息，许宁宁.管理层权力、机会主义动机与内部控制缺陷信息披露 [J].审计研究，2013 (4)：101-109.

[241] 赵玉红.国有企业混合所有制改革的主要模式及对辽宁的启示 [J].辽宁经济职业技术学院学报，2017 (6)：1-3.

[242] 郑春美，李文耀.基于会计监管的中国独立董事制度有效性实证研究 [J].管理世界，2011 (3)：184-185.

[243] 郑建明，黄晓蓓，张新民.管理层业绩预告违规与分析师监管 [J].会计研究，2015，(003)：50-56.

[244] 郑路航."名人"独立董事履行职责状况分析——来自中国上市公司的证据 [J].中南财经政法大学学报，2011 (3)：31-37.

[245] 郑新源，刘国常.审计委员会有效性研究——基于盈余管理的视角 [J].财会通讯 (学术版)，2008 (08)：98-100+118.

[246] 郑志刚，孙娟娟.任人唯亲的董事会文化和经理人超额薪酬问题［J］.经济研究，2013（12）：111-124.

[247] 郑志刚.国企公司治理与混合所有制改革的逻辑和路径［J］.证券市场导报，2015（6）：4-12.

[248] 钟海燕，冉茂盛，文守逊.政府干预，内部人控制与公司投资［J］.管理世界，2010（7）：98-108.

[249] 周好文，李纪建，刘婷婷.股权结构，董事会治理与上市公司高管违规行为——我国上市公司高管人员"落马"现象的实证分析［J］.当代经济科学，2006，28（006）：71-79.

[250] 周建新.会计师事务所组织形式与上市公司违规行为［J］.国际商务财会，2013（12）：77-83.

[251] 周开国，应千伟，钟畅.媒体监督能够起到外部治理的作用吗？——来自中国上市公司违规的证据［J］.金融研究，2016（6）：193-206.

[252] 周泽将，马静，胡刘芬.经济独立性能否促进监事会治理功能发挥——基于企业违规视角的经验证据［J］.南开管理评论，2019（6）.

[253] 朱红军，何贤杰，陶林.中国的证券分析师能够提高资本市场的效率吗——基于股价同步性和股价信息含量的经验证据［J］.金融研究，2007（02）：110-121.